Unbekanntes Wien

Isabella Ackerl
Harald A. Jahn

Unbekanntes Wien

Verborgene Schönheiten
Zauberhafte Kleinode

Styria
VERLAG

Inhalt

I. Von den Römern in die Neuzeit … 10
  1. Die Römer im Keller: *Römische Ausgrabungen am Hohen Markt und am Michaelerplatz* … 12
  2. Der Drache im Hausbrunnen: *Das Basiliskenhaus* … 16
  3. Wiens griechisches Viertel: *Griechengasse und Hafnersteig* … 18
  4. Antisemitismus im mittelalterlichen Wien: *„Zum großen Jordan" am Judenplatz* … 20
  5. Heimstätte des Wiener Biedermeier: *Die Mölkerbastei* … 24
  6. Nobelabsteige für den Ungarnkönig Matthias Corvinus: *Der Regensburger Hof* … 26
  7. Einst hochragende Mauern: *Reste der Stadtbefestigung* … 28
  8. Die „Fenstergucker" von St. Stephan: *Kanzel und Orgelfuß* … 32
  9. Satire auf den Protestantismus: *„Wo die Kuh am Brett spielt" und andere Wiener Hauszeichen* … 34
  10. Oasen der Stille: *Heiligenkreuzerhof, Blutgassenviertel und Deutschordenshof* … 36
  11. Ein Relikt aus gotischer Zeit: *Wiens älteste Mühle* … 42
  12. Ein Lustschloss mit Tiergarten: *Das Neugebäude in Simmering* … 44
  13. Wo die Republik gegründet wurde: *Der niederösterreichische Landtagssaal* … 48

II. Kirchen und Sakralbauten … 52
  14. Kunstpfarre am Michaelerplatz: *Pfarrkirche zum Hl. Erzengel Michael* … 54
  15. Strenge Steuergrenze: *Die Hundsturmer Linienkapelle* … 56
  16. Streit um eine Kirche: *Die alte Matzleinsdorfer Pfarrkirche* … 58
  17. Dem „Hansl am Weg" gewidmet: *Die St.-Johannes-Nepomuk-Kapelle* … 60
  18. „Zur Erinnerung an die Vermählung": *Die Elisabethkapelle* … 62
  19. Minarette an der Donau: *Die Wiener Moschee* … 63
  20. Der Bildhauer als Architekt: *Die Kirche zur Hl. Dreifaltigkeit (Wotruba-Kirche)* … 66

III. Barocker Glanz und Lebensfreude … 68
  21. „Si vuol ballare Signor Contino …" – „Wollt Ihr nun tanzen, mein lieber Herr Graf…": *Das Figarohaus* … 70
  22. Wie der Nestroy in die Hofburg kam: *Die Redoutensäle* … 72
  23. Kaunitzpalais und Ratzenstadl: *Das Viertel um den Esterházypark* … 74
  24. Das „Rosenkavalier"-Palais als Widerstandszentrum: *Das Palais Auersperg* … 76
  25. Klassizistisches Palais mit skandalträchtigen Portalfiguren: *Palais Fries-Pallavicini* … 78
  26. Fürstliches Mäzenatentum: *Eroicasaal des Palais Lobkowitz* … 80
  27. Die Türkenbelagerungen als Trauma der Stadtgeschichte: *Erinnerungen an den Feind* … 84

IV. Im Dunstkreis von Schönbrunn — 86
28. Massenverkehrsmittel für den Kaiser: *Der Hofpavillon in Hietzing* — 88
29. Barockes Schlösschen für die Post: *Kaiserstöckl in Hietzing* — 90

V. Bauboom der Gründerzeit — 92
30. Leider keine geschmuggelten Zigarren: *Der Austriabrunnen auf der Freyung* — 94
31. Ein Selbstmord mit Folgen: *Hotel Klomser in der Herrengasse* — 96
32. Fluchtturm eines Architekten: *Der Kornhäuselturm* — 98
33. „Schatten spendend und Staub mildernd": *Die Allee um die Wiener Ringstraße* — 99
34. Die Falschmeldung „Alles gerettet": *Ringtheater, Sühnhaus, Polizeidirektion* — 101
35. Ringstraßenbau auf der Mazzesinsel: *Börse für landwirtschaftliche Produkte* — 103
36. Stiere ja, aber keine Schaukämpfe: *Die Arena im Schlachthof St. Marx* — 105
37. Zur Niederhaltung der aufrührerischen Massen: *Das Arsenal* — 107
38. Eine Kathedrale für Kulissen: *Das „Semperdepot"* — 109
39. Ein orientalisches Gebäude im Cottageviertel: *Die Zacherlfabrik* — 112

VI. Prachtbauten der Wiener Ringstraße — 114
40. Die „Spargelburg" als Nobelhotel: *Das Palais Coburg* — 116
41. Bank, Behörde, sowjetische Kommandantur, Parlament: *Die vielen Gesichter des Palais Epstein* — 118
42. Wohnstätte eines Enfant terrible: *Das Palais Ludwig Viktor* — 122
43. Standesgemäße Residenz für einen Eisenbahnmagnaten: *Das Palais Ofenheim* — 124
44. Die Zweite Gesellschaft – Förderer der schönen Künste: *Das Palais Todesco* — 126
45. Industriellenpalast am Ring: *Das Palais Wertheim* — 128

VII. Juwelen des Jugendstils — 130
46. Ein Reigen österreichischer Geschichte: *Die Ankeruhr* — 132
47. Eine „Tramwaywartehäuserl" für die Kunst: *Das Artariahaus* — 134
48. Vollendeter Jugendstil: *Die Hohe Brücke* — 136
49. Jugendstilensemble am Rennweg: *Otto Wagners Wohnhäuser* — 138
50. Die Legende von den vertauschten Bauplänen: *Die Französische Botschaft* — 140
51. Heimstätte sozialdemokratischer Publizistik: *Das Vorwärtshaus* — 142
52. Europas viertschönste Treppe: *Die Fillgraderstiege* — 144
53. Vergessene und wieder entdeckte Bühnen: *Wiens Jugendstiltheater* — 146
54. Baukunst vom Feinsten: *Jugendstil in Wien* — 149

VIII. Das Jahrhundert der Stadterneuerung — 152
55. Architektur eines Philosophen: *Das Wohnhaus für Margarete Stonborough-Wittgenstein* — 154
56. Einkaufstempel neben dem Dom: *Das Haas-Haus* — 156
57. Die Ringstraße des Proletariats: *Gemeindebauten am Margaretengürtel* — 158
58. Flaggschiff des Austromarxismus: *Der Karl-Marx-Hof* — 160
59. Neues Leben am Gürtel: *Sanfte Stadterneuerung in einer schwierigen Gegend* — 162

IX. Relikte des Dritten Reichs — 164
60. Geschichte lässt sich nicht verdrängen: *Relikte aus der NS-Zeit* — 166
61. Außen hui – innen pfui:
 Die Gründerzeitfassaden nach dem Zweiten Weltkrieg — 168
62. Für die Ewigkeit gebaut: *Die Flaktürme* — 170

X. Kaffeehäuser mit Tradition — 172
63. Treffpunkt der Genies und Revolutionäre: *Das Café Central* — 174
64. Legendäre Szenelokale in Hietzing:
 Café Dommayer und Casino Dommayer — 176
65. Zu Grabe getragen und wieder auferstanden: *Café Griensteidl* — 178
66. „Das Milieu der fließenden Übergänge": *Die Herrenhof-Saga* — 180

XI. Freizeitparadiese und Vergnügungsstätten — 182
67. „Pferderennen, wie es in England und Frankreich sehr berühmt":
 Die Freudenau — 184
68. Einst ein Ort der Wellness – heute Kult-Location: *Die Sofiensäle* — 185
69. Der kleine Bruder des Volkspraters: *Der Böhmische Prater* — 187
70. Hollywood am Laaer Berg: *Das Filmteichgelände* — 189
71. Kronprinz Rudolfs Lieblingsheuriger: *„Zur güldenen Waldschnepfe"* — 191
72. Badestrand der Wiener: *Das Gänsehäufel* — 193
73. Von Fratschlerinnen und Bradelbratern: *Der Naschmarkt* — 196
74. Schmetterlinge und Restaurantbetrieb: *Das Palmenhaus* — 198
75. Denkmal der Forschungsfreude: *Der Botanische Garten* — 200

XII. Verkehrsmittel einer Großstadt — 202
76. Mit 18 km/h durch den Prater: *Die Liliputbahn* — 204
77. Mit dem Schiff zum Stubentor: *Der Wiener Neustädter Kanal* — 206
78. Mit der „Ruckerlbahn" ins Gebirge: *Die Kahlenbergbahn* — 208
79. Vom Stellwagen zur hypermodernen U-Bahn: *Das Wiener Verkehrsnetz* — 210
80. Wege und Irrwege: *Die Wiener U-Bahn* — 213
81. Um die Hektik des Alltags zu bannen:
 Archäologie und Kunst in der U-Bahn — 215

XIII. Außergewöhnliche Friedhöfe — 218
82. Romantik des Todes: *Der Friedhof St. Marx* — 220
83. Ein begrabener Friedhof: *Der jüdische Friedhof Seegasse* — 222
84. „Vom Vergessen überwachsen...": *Der Währinger jüdische Friedhof* — 224
85. Von der Natur überwucherte Morbidität: *Der Friedhof der Namenlosen* — 226

XIV. Museen, die es nicht in jeder Stadt gibt — 228
86. Wo einem die Haare zu Berg stehen: *Das Wiener Kriminalmuseum* — 230
87. Der letzte Weg: „... a scheene Leich ...": *Das Bestattungsmuseum* — 232

XV. Denkmäler mit Geschichte und Geschichten 234
  88. Jahrelanger Streit um ein Denkmal:
      Mahnmal gegen Krieg und Faschismus 236
  89. Ein russischer Soldat vor einem Barockpalais:
      Das Denkmal der Roten Armee 238
  90. Erinnerungen an einen Diktator: *Die Stalingedenktafel* 240
  91. Denkmäler auf Wanderschaft: *Ein Platz für die Ewigkeit?* 242

XVI. Hell und dunkel 244
  92. Einst ein mächtiges Gewässer: *Der Wienfluss* 246
  93. Die Unterwelt des Harry Lime: *Das Wiener Kanalsystem* 248
  94. Es werde Licht: *Kommunale Beleuchtung* 250
  95. Gegenwelt zur imperialen Pracht:
      Geheimgänge unter Wiens Prachtboulevard 252

  Register 254

I. Von den Römern in die Neuzeit

1. Die Römer im Keller:

Römische Ausgrabungen am Hohen Markt und am Michaelerplatz

Sie hatten Kanalanlagen, wie sie in Wien erst wieder im 19. Jahrhundert erbaut wurden, öffentliche Badeanlagen und selbstverständlich Fußbodenheizungen, denn das Klima in der Garnison an der Donau war im Winter doch rau. Ja, römische Offiziere lebten auch in den fernen Provinzen nach einem hohen Lebensstandard.

Bei Bauarbeiten in den Jahren 1948/1949, aber auch in späteren Jahren wurden unter dem Hohen Markt Häuser von Tribunen, ranghohen Offizieren des römischen Lagers Vindobona, gefunden. Die reich aus-

gestatteten Häuser standen an der Lagerhauptstraße, ihre Besitzer waren die neben dem Kommandanten höchstgestellten Personen der Lagerhierarchie. Unter ihrem Kommando standen etwa 7.000 Mann einer Legion.

Diese hoch stehende Zivilisation, die sich aus den Funden – Keramikscherben, Münzen, Metallgegenstände, Mauerreste, Wandbemalungen, Steindenkmäler – rekonstruieren lässt, wurde durch die Wirren der Völkerwanderung unterbrochen. In der Vita Severini des Eugippius († nach 533), der Lebensbeschreibung des hl. Severin, der im 5. Jahrhundert an der Donau missionierte, wird recht anschaulich beschrieben, wie sich die römischen Besatzer, die wahrscheinlich schon mehrere Generationen in Vindobona ansässig waren, nach dem Süden zurückzogen. Von der keltischen Bevölkerung und allen jenen, die nicht mit den Römern mitzogen, blieben nur wenige in der Stadt zurück. Sie flohen vor den hereinbrechenden Völkermassen in abgelegene Täler.

Die Stadt selbst wurde in den kommenden Jahrhunderten als riesiger Steinbruch genutzt, die Steine der Häuser fanden in neu errichteten Bauten Verwendung. So wurden für die Vorläuferkirche des Stephansdomes einzelne Steinplatten wieder verwendet, etwa die Grabinschrift eines Soldaten der 10. Legion, wie jüngste Ausgrabungen unter dem Dom bewiesen.

Anlässlich von Bauarbeiten auf dem Michaelerplatz wurden 1990/91 neben den Fundamenten des alten Burgtheaters und barocken Kellern Reste der canabae legionis (= Vorstadt des Legionslagers) entdeckt. Man fand Werkstätten, aber auch mit Wandmalereien ausgestattete Wohnhäuser. Um Wienbesuchern einen Begriff von der römischen Vorzeit der Stadt zu geben, wurde am Michaelerplatz ein Schlitz offen gelassen (Gestaltung Hans Hollein). In diesem „Schnitt durch die Zeit"

kann man auch römische Reste sehen. In römischer Zeit war der heutige Michaelerplatz der Schnittpunkt zweier wichtiger Fernstraßen: Die eine führte von Klosterneuburg entlang des Limes (= Grenzbefestigung entlang der Donau, wörtlich Schwelle) über die römische Zivilstadt am Rennweg nach Carnuntum, die zweite aus dem Südtor des Lagers nach Süden Richtung Aquae (= Baden), das schon damals wegen seiner Schwefelquellen ein beliebter Wellnessort war.

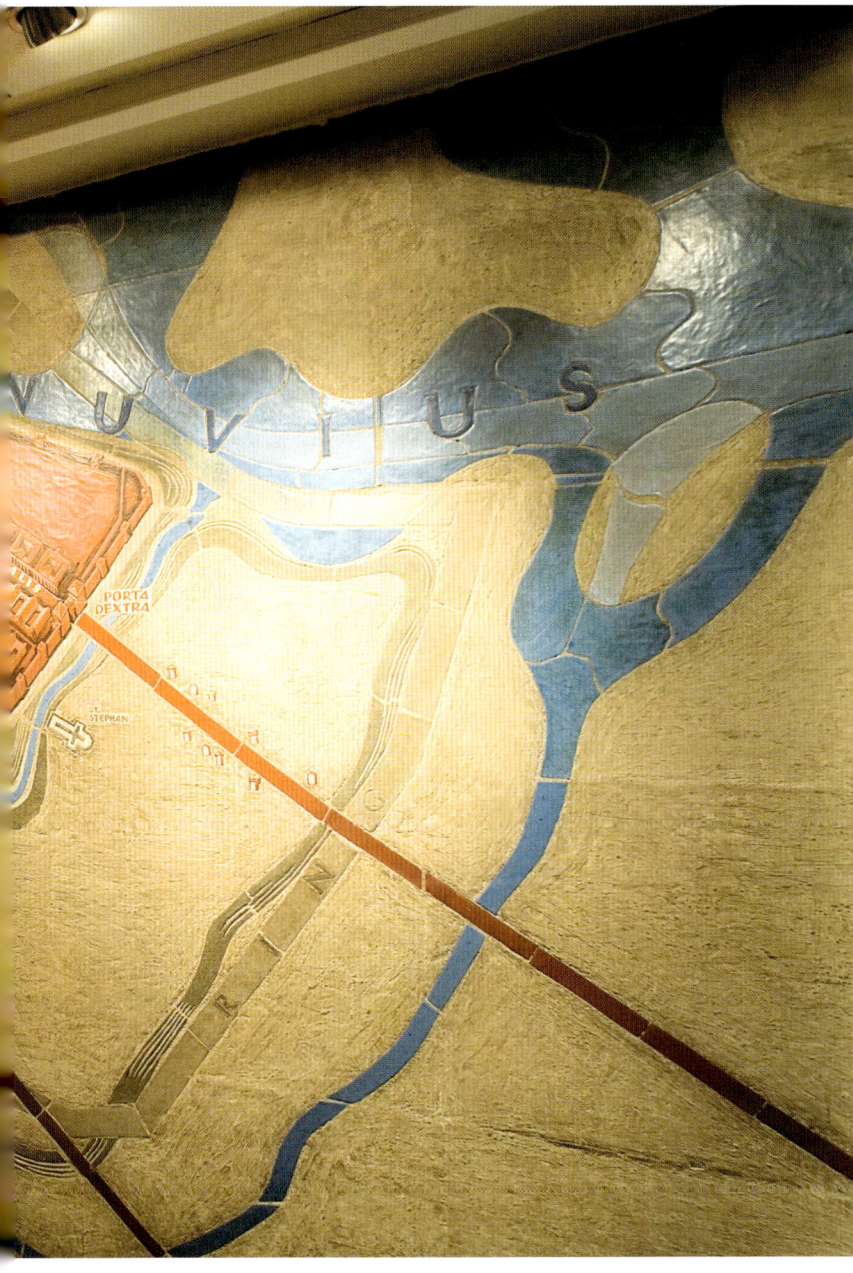

1010 Wien,
Hoher Markt 3
und Michaelerplatz
(Autobus 1 und 3)

2. Der Drache im Hausbrunnen:

Das Basiliskenhaus

In einer Nische am Haus Schönlaterngasse 7, dessen Grundmauern bis ins 13. Jahrhundert zurückreichen, ist eine seltsame Plastik zu sehen, darunter befindet sich eine Wandmalerei mit einer Inschrift, die in längst vergangene Zeiten zurückführt:

Im Hausbrunnen des habgierigen Bäckermeisters Martin Garhiebl sei eine Art Drache heimisch gewesen, der jeden, der in seine Nähe kam, mit seinem Gifthauch getötet habe. Wer ihn aber erblickte, der musste das Zeitliche segnen. Nur der in die Tochter des Bäckermeisters verliebte Geselle habe Rat gewusst. Er habe dem Ungeheuer einen Spiegel vorgehalten, sodass dieses vor Schreck über seine eigene Hässlichkeit zersprungen sei. Diese alte Überlieferung wurde schriftlich erstmals von Wolfgang Lazius, Humanist und Professor der medizinischen Fakultät der Wiener Universität, Mitte des 16. Jahrhunderts festgehalten.

Ein – der Legende nach – beim Graben des Hausbrunnens im Jahr 1212 aufgefundener bizarrer Gesteinsbrocken wurde als ein Teil des sagenhaften Basilisken, eine Kreuzung zwischen Hahn und Kröte, gedeutet und erhielt noch zusätzlich eine Bemalung, um das Scheusal deutlicher erkennen zu lassen.

Naturwissenschaftler des 19. Jahrhunderts wie der Geologe Eduard Suess haben den Gesteinsbrocken als Sandsteinkonglomerat und die giftigen Gase in einem Brunnen als austretendes Erdgas erklärt. Die Bezeichnung Basilisk soll auf einen Herrn Heinrich Pollitzer zurückgehen, der sich ganz bescheiden „Doktor der Weltweisheit" nannte. Der ursprüngliche „Basilisk" blieb nicht erhalten. Heute erinnert neben der merkwürdigen Figur, die aus der Mitte des 18. Jahrhunderts stammt, auch noch an der Rückseite des Hauses die Drachengasse, eine Sackgasse, die vom Fleischmarkt her führt, an diese Geschichte.

Die Menschen des Mittelalters ließen sich gerne von Versteinerungen oder eigentümlich geformten Gesteinen zu unheimlichen Geschichten inspirieren. So gab es mit Fossilien oder mit seltsam geformten Fischskeletten besonders in Frankreich und Flandern einen florierenden Handel: Man verkaufte diese Relikte als „Ungeheuer" aus dunkler Vorzeit – die ewige Faszination des Wunderbaren oder Grausigen…

*1010 Wien,
Schönlaterngasse 7
(U1 Schwedenplatz)*

ANNO DOMINI MCCII WARD ERWELDT KAYSER
FRIEDERICH II UNTER SEINEM REGIMENT IST VON
EINEM HANN ENTSPRUNGEN AIN BASILISC
WELCHER OBENSTEHENDER FIGUR GLEICH
UND IST DER BRUNN VOLL ANGESCHUTT
WORDEN MIT ERDEN DARINNEN SELBIGES
THIER GEFUNDEN WORDEN IST
OHNE ZWEYFFEL WEIL ES SEYNER
GIFFTIGEN AYGENSCHAFT VIL MENSCHEN
GESTORBEN UND VERDORBEN SEYND
RENOVIERT A. 1577 DURCH DEN HAUSS
HERRN HANNS SPANNRING BUCHHANDLER
ABERMALS RENOVIERT A 1932
RENOV. 1965

3. Wiens griechisches Viertel:

Griechengasse und Hafnersteig

Die Gegend um die Griechengasse zählt zu den ältesten Vierteln der Stadt. Vor allem Höhenunterschiede und Straßenverlauf lassen die Enge der mittelalterlichen Stadt deutlich erahnen. Schwibbögen und kaum mehr als eineinhalb Meter breite Gassen ließen seinerzeit

höchstens ein Pferd passieren. Der geradezu hügelige Hafnersteig und der merkliche Niveau-Unterschied hinunter zum Donaukanal machen deutlich, dass der Hauptstrom der Donau einst meist träge dahin floss.

Der Name Griechengasse geht auf die griechischen Kaufleute zurück, die vor allem nach dem Frieden von Passarowitz (1718) mit den Türken in diesem Viertel sesshaft wurden. Zuvor hatte das Viertel „Unter den Hafnern" geheißen, was sicher auf eine Gewerbebezeichnung zurückgeht. Das heute als „Griechenbeisel" bezeichnete Gasthaus hieß früher „Zum roten Dachel". Der Sage nach hat in diesem Lokal 1679, im Jahr der großen Pest, der Volkssänger Augustin sein berühmtes Lied „Oh, du lieber Augustin, alles ist hin …" kreiert.

Das Haus Griechengasssse 4–6, der so genannte Steyerhof, geht in seiner Bausubstanz auf gotische Zeit zurück. Seine Fassade ist heute ein wesentliches Dokument der Stadtentwicklung, denn was von den alten Bauteilen noch übrig war, wurde freigelegt und restauriert. So

kann man an diesem Haus einen Querschnitt durch die Geschichte betrachten, von schmalen Rundbogenfenstern bis zu fast quadratischen Renaissancefenstern, umrahmt von Fassadenschmuck. Gotische Säulchen und altes Steinmauerwerk, Aufstockungen und Bauerweiterungen, Veränderungen am Verlauf der Fassade – alles ist an diesem „Sprechenden Haus" abzulesen. Bemerkenswert ist auch das schräg zur Baulinie verlaufende Tor.

In der Griechengasse 5 erbaute 1803 der Architekt Franz Wipplinger ein Gotteshaus für die griechisch-nichtuniierte Glaubensgemeinschaft, welches von einem klassischen Giebel mit einem Relief, das den hl. Georg darstellt, überragt wird.

Das Haus in der Griechengasse 7 stammt aus dem 17. Jahrhundert und wird von einer Marienstatue mit einer schmiedeeisernen Rokokolaterne geschmückt. Im Hof des Hauses hat sich noch ein gotischer Wohnturm erhalten.

1010 Wien, Griechengasse/ Hafnersteig zwischen Laurenzerberg und Rotenturmstraße (U1 und U4, Straßenbahn 1, 2, 21 und N, Autobus 2)

4. Antisemitismus im mittelalterlichen Wien:

„Zum grossen Jordan" am Judenplatz

Das gotische Bürgerhaus „Zum großen Jordan" aus dem 14. Jahrhundert gehörte bis 1421 dem Wiener Juden Hocz. Im Zuge der Wiener Geserah, der ersten großen Judenverfolgung in der Geschichte Wiens, wurde das Haus durch Herzog Albrecht V. konfisziert und wechselte darauf mehrmals den Besitzer. Seit Ende des 15. Jahrhunderts befand es sich im Eigentum von Georg Jordan, der das noch erhaltene Relief von der Taufe Christi im Jordan – eine Anspielung auf seinen Namen – anbringen ließ, aber auch die antisemitische Inschrift in lateinischer Sprache, die sich auf die Wiener Geserah bezieht. Das Wort Geserah ist ein hebräischer Begriff (wörtlich: eine böse Verordnung), der die Verfolgung von Juden durch nichtjüdische Machthaber bezeichnet.

Am 23. Mai 1420 wurden alle Wiener Juden verhaftet und vor die Entscheidung gestellt, sich entweder zwangstaufen zu lassen oder der Folter unterzogen zu werden. Auslösendes Moment für diese grausame Verfolgung war die Vermutung, dass die Juden Kontakte zu den Hussiten hätten, mit denen Herzog Albrecht V. sich im Streit befand. Außer-

dem wurde berichtet, dass sie angeblich ein luxuriöses Leben führten, d.h. über viel Geld verfügten. Das war Wasser auf die Mühlen des Herzogs, der stets Geld brauchte – in erster Linie zur Bekämpfung der Hussiten. Doch das von den Juden abgepresste Geld brachte dem Herzog keinen Sieg, sondern nur einen Waffenstillstand.

Manche der jüdischen Familien ließen sich taufen, kehrten aber später wieder zur Religion ihrer Väter zurück. Um der Taufe zu entgehen, entschieden sich viele Juden zu einem Massenselbstmord in der Synagoge. Schließlich blieben 210 standfeste Juden über, die weder die

Geldverstecke preisgaben noch sich taufen ließen. Sie wurden der Hostienschändung beschuldigt – eine in dieser Zeit häufig erhobene fälschliche Anschuldigung – und schließlich zum Tode verurteilt. Am 12. März 1421 wurden sie in Erdberg auf der Gänseweide verbrannt, ihr Vermögen wurde vom Herzog eingezogen. Die Synagoge ließ Albrecht abbrechen und die Steine für den Bau der Universität verwenden. Der wirtschaftliche Schaden für die Stadt durch die Vertreibung der Juden war verheerend.

Zu Ende des 20. Jahrhunderts, sensibilisiert durch die grauenvollen Geschehnisse des Holocaust, fiel die Entscheidung, die antisemitische Gedenktafel des Jordanhauses nicht zu entfernen, sondern durch eine zweite, kommentierende Tafel zu ergänzen. Die am 29. Oktober 1998 angebrachte Inschrift, deren Text von Christoph Kardinal Schönborn, dem Wiener Erzbischof stammt, nimmt ausdrücklich von der Untat der Wiener Geserah ausgehend Stellung zum Holocaust und betont die Mitschuld der Christenheit an der Verfolgung der Juden.

Die Fundamente der Synagoge wurden erst im 20. Jahrhundert unter dem Judenplatz wieder entdeckt und in einer beeindruckenden musealen Gestaltung zugänglich gemacht.

Die britische Künstlerin Rachel Whiteread errichtete 2000 auf dem Judenplatz ein Mahnmal an den Holocaust in Form einer nach außen gekehrten Bibliothek. Dieses Denkmal kann als Assoziation auf das Judentum als eine Religion des Buches verstanden werden, weist aber auch auf die kulturelle Ausdünnung durch die Vertreibung und Ermordung tausender Wiener Juden hin.

Die Gedenktafel am Haus zum Großen Jordan

„Kiddusch HaSchem" heißt „Heiligung Gottes". Mit diesem Bewusstsein wählten Juden Wiens in der Synagoge hier am Judenplatz – dem Zentrum einer bedeutenden jüdischen Gemeinde – zur Zeit der Verfolgung 1420/21 den beschriebenen Freitod, um einer von ihnen befürchteten Zwangstaufe zu entgehen. Christliche Prediger dieser Zeit verbreiteten abergläubische judenfeindliche Vorstellungen und hetzten gegen die Juden und ihren Glauben. So beeinflusst nahmen die Christen in Wien

dies widerstandslos hin, billigten es und wurden zu Tätern. Somit war die Auflösung der Wiener Judenstadt 1421 schon ein drohendes Vorzeichen für das, was europaweit in unserem Jahrhundert während der nationalsozialistischen Zwangsherrschaft geschah. Mittelalterliche Päpste wandten sich erfolglos gegen den judenfeindlichen Aberglauben, und einzelne Gläubige kämpften erfolglos gegen den Rassenhass der Nationalsozialisten. Aber es waren deren viel zu wenige. Heute bereut die Christenheit ihre Mitschuld an den Judenverfolgungen und erkennt ihr Versagen. „Heiligung Gottes" kann heute für die Christen nur heißen: Bitte um Vergebung und Hoffnung auf Gottes Heil.

1010 Wien,
Judenplatz 2
(Autobus 3)

5. Heimstätte des Wiener Biedermeier:
Die Mölkerbastei

Die Häusergruppe auf der Mölkerbastei – die Bezeichnung Mölker leitet sich vom nahe gelegenen Melkerhof ab – bildet eines der wenigen erhaltenen Biedermeierensembles der Wiener Innenstadt. Es sind typische Bürgerhäuser, erbaut nach der Wende des 18. zum 19. Jahrhundert, die beispielhaft für das bescheidene Wohnbedürfnis dieser Epoche stehen. Die Häuser schmiegen sich auf der Bastei eng aneinander, unauffällig und zurückhaltend.

Doch hat in diesem Viertel stets viel Prominenz gewohnt: Im Haus Mölkerbastei Nr. 5 lebte zwischen 1881 und 1906 Generaloberst Friedrich Graf Beck-Rzikowsky, Chef des k.u.k. Generalstabes. Von 1903 bis 1936 hatte Anton von Eiselsberg, der berühmte Chirurg und Schüler von Theodor Billroth, hier seine Wohnung.

Das Haus Mölkerbastei Nr. 8, von Peter Mollner für Johann Baron von Pasqualati als Zinshaus erbaut, diente dem unsteten Ludwig van Beethoven in den Jahren 1804 bis 1815 mehrfach als Heimstatt. Der Hausherr war mit dem Komponisten eng befreundet – noch heute erinnert ein Gedenkraum an das Musikgenie. Seit 1947 ist auch das Adalbert Stifter-Museum im Pasqualati-Haus untergebracht.

Im Haus Nr. 10 wohnte Ottilie von Goethe, die Gattin von August von Goethe, dem Sohn des großen Dichters. Deren Tochter Alma, also eine Enkelin des Dichterfürsten, starb hier im Alter von 17 Jahren. Die Grabrede auf Alma hielt der Dichter Franz Grillparzer. Dass sie das Modell für die krönende Frauenstatue des Austriabrunnens auf der Freyung gewesen wäre, gehört allerdings ins Reich der Legende.

Im Vorgängerbau des Hauses Nr. 12 schließlich logierte Feldmarschall Charles Joseph Fürst de Ligne, der „rosarote Prinz", von dem das Bonmot über den „tanzenden" Wiener Kongress stammt.

Das Haus Mölkerbastei Nr. 1 bzw. Schreyvogelgasse Nr. 10, ein Bürgerhaus des josephinischen Klassizismus, wird zwar Dreimäderlhaus genannt, eine Beziehung zu Franz Schubert und der gleichnamigen Operette von Heinrich Berté ist allerdings nicht belegt.

Die Bastei selbst, der größte kompakt erhaltene Teil der nach 1857 geschleiften Stadtmauer, auf der die Häuser errichtet wurden, bedarf dringend einer Restaurierung. Doch derzeit besteht ein Zuständigkeitskonflikt zwischen der Stadt Wien, die für das Ziegelmauerwerk und dessen Erhaltung verantwortlich ist, und dem Bundesministerium für Inneres, zu dem der seinerzeitige Stadterweiterungsfonds ressortiert und der seit damals die Rampen verwaltet. Die Stadt Wien, die den gesamten Komplex erwerben möchte, steht in Verkaufsverhandlungen.

1010 Wien, Mölkerbastei (Straßenbahn 1 und 2, Autobus 1, U2)

6. Nobelabsteige für den Ungarnkönig Matthias Corvinus:

Der Regensburger Hof

Der Vorgängerbau des Hauses Am Lugeck – Regensburger Hof genannt, weil er als Lagerplatz der Regensburger Kaufleute diente – gehörte im letzten Drittel des 15. Jahrhunderts dem Wiener Bürger und Bankier Niklas Tischler. Als für den Februar 1470 ein Zusammentreffen des ungarischen Königs Matthias Corvinus mit dem Habsburger Kaiser Friedrich III. zur Verhandlung der komplizierten Erbfrage in Ungarn und Böhmen und überhaupt zur Streitbeilegung vereinbart wurde, stellte Tischler dem Ungarnkönig sein Haus zur Verfügung. Dieser traf am 11. Februar dieses Jahres mit 1.500 Berittenen in Wien ein, eine machtvolle Demonstration von Stärke und Reichtum, die den immer an Geldmangel leidenden Friedrich, der wegen seiner bedächtigen Art

den nicht sehr schmeichelhaften Beinamen „des Reiches Erzschlafmütze" trug, sicherlich nicht erfreute. Trotzdem fanden zahlreiche gesellschaftliche Ereignisse statt, wie ein Turnier am Neuen Markt, an dem der König persönlich teilnahm, oder Bälle im Hause Tischler.

Die Verhandlungen selbst gingen äußerst zäh voran, kaum wurden Übereinstimmungen erzielt. Die drohende Türkengefahr hätte die beiden auf eine Einigung einschwören sollen, doch verletzte Eitelkeiten wurden wie so oft in der Geschichte Ursache des Verhandlungsabbruchs.

König Matthias, der verwitwet war und sich auf Brautschau begab, da er keinen legitimen Nachfolger hatte, warb bei Kaiser Friedrich III. um dessen Tochter Kunigunde. Doch er erhielt eine brüske Abfuhr, weil er vom Habsburger als nicht ebenbürtig angesehen wurde. Daraufhin verließ Matthias wütend und verletzt am 13. März Wien. In der Folge gab es zwischen den beiden einen jahrelangen Kleinkrieg und größere Feldzüge, die in der Eroberung Wiens durch den ungarischen König im Jahre 1485 gipfelten. Fünf Jahre regierte der Corvine in Wien und vermochte die Wiener Bürger auf seine Seite zu ziehen. Der Bankier Tischler spielte bei den Kapitulationsverhandlungen 1485 und in den nächsten fünf Jahren als Parteigänger des Corvinen eine wichtige Rolle in der Stadt. Wäre Matthias nicht tragischerweise und völlig überraschend 1490 in Wien ohne legitimen Nachfolger gestorben, so wäre Wien heute möglicherweise eine ungarische Stadt. Ein abgewiesener Bräutigam und sein verletzter Stolz können Geschichte schreiben!

Seit 1990 befindet sich am Regensburger Hof eine Gedenktafel für Matthias Corvinus. Damit findet der ungarische Herrscher, der 1485 Wien nicht nur militärisch bezwungen hatte, sondern auch während seiner fünfjährigen Residenz viele positive, vor allem kulturelle Akzente für die Stadt setzte, eine späte Würdigung.

*1010 Wien,
Am Lugeck 4,
Bäckerstraße 1,
Sonnenfelsgasse 2
(U1, U3)*

7. Einst hochragende Mauern:

Reste der Stadtbefestigung

An drei Plätzen der Stadt haben sich Teile der Stadtmauern erhalten, die die einstige Wucht dieser Befestigungsanlagen erahnen lassen. Die Reste der Coburgbastei, der Dominikanerbastei und der Mölkerbastei sind die letzten Zeugen dafür, dass sich seit dem Hochmittelalter eine Mauer rund um die Stadt zog.

Die erste durchgehende Stadtmauer wurde um das Jahr 1200 errichtet, nachdem man für die Freilassung des in Wien gefangen genommenen Königs Richard Löwenherz eine stattliche Summe Geldes von England erpresst hatte. In den folgenden Jahrhunderten wurde an den Mauern nicht viel geändert. Und als Wien 1485 von den Ungarn erobert wurde, hatten nicht die Mauern versagt, sondern die Stadt wurde vor allem wegen des herrschenden Nahrungsmangels übergeben.

Die nächste große Bedrohung entstand für Wien durch das offensive Osmanische Reich, das seine Eroberungszüge bis unter die Mauern des „Goldenen Apfels", wie Wien in der osmanischen Geschichtsschrei-

bung bezeichnet wird, ausdehnte. 1529 standen die Türken erstmals vor den Toren der Stadt. Eilig waren damals die bestehenden Befestigungen verstärkt und ausgebaut worden. Nachdem das Heer von Süleyman dem Prächtigen, nach einer vergeblichen Belagerung und von Seuchen geschwächt, wieder abgezogen war, erfolgten bis in die Mitte des 16. Jahrhunderts noch weitere Neubauten an den Mauern. So wurde etwa die Dominikanerbastei erst 1544 errichtet.

Grundsätzlich wurden die Stadtmauern, soweit man das rekonstruieren kann, zuerst aus Erde angehäuft und dann mit Mauerwerk ummantelt. Im Bereich des Mauerzugs gab es immer wieder vorspringende Basteien, von denen aus der Feind von zwei Seiten unter Feuer genommen werden konnte. Zwischen den Basteien wurden – den Mauern vorgelagert – so genannte Ravelins errichtet, einzeln stehende Befestigungswerke, deren Kanonen das Vorfeld nach vielen Seiten bestreichen konnten. Die Höhe der Mauern lässt sich in etwa mit acht bis zehn Metern schätzen, zum Teil mögen sie höher gewesen sein, je nachdem, wie tief der Graben jeweils freigelegt wurde. Denn in Friedenszeiten war der rund 20 Meter breite Stadtgraben nichts anderes als eine große Mülldeponie. Bei den Restaurierungsarbeiten für das Palais Coburg wurden Reste der Dominikanerbastei gefunden, die bis zwölf Meter unter das heutige Straßenniveau reichen.

Den nächsten großen Schrecken erlebten die Wiener mit der Zweiten Türkenbelagerung 1683, als die Stadt tatsächlich beinahe erobert worden wäre. Denn den osmanischen Minen und Sprengsätzen waren die Stadtmauern nicht gewachsen. Lediglich das herannahende Entsatzheer konnte die Katastrophe im letzten Moment verhindern. Als Wien 1805 und 1809 von den Franzosen eingenommen wurde, spielten die Festungsmauern schon längst keine Rolle mehr, denn sie hätten den Kanonen ohnehin nicht standhalten können. 1809 ließ Napoleon eher zur Demonstration seiner Macht, denn zur Beseitigung einer gefürchteten Verteidigungsanlage die Burgbastei sprengen – die Befestigungen hatten endgültig ausgedient. Nun war es nur mehr eine Frage der Zeit bis zu ihrer totalen Schleifung, die mit kaiserlicher Order von 1857 eingeleitet wurde. Anstelle der Stadtmauern entstand der Prachtboulevard der Wiener Ringstraße.

1010 Wien, Coburgbastei, Dominikanerbastei, Mölkerbastei (Straßenbahn 1, 2 und D) Stubenbastei (U3)

8. Die „Fenstergucker" von St. Stephan:

Kanzel und Orgelfuss

Bis vor wenigen Jahren ging man in den kunsthistorischen Beschreibungen des Domes von St. Stephan davon aus, dass die beiden „Fenstergucker", jene männlichen, sich aus dem Fenster lehnenden Figuren an der Kanzel und am Orgelfuß, von der Hand eines einzigen Meisters stammen, nämlich vom Dombaumeister Anton Pilgram, der sich beim Porträt am Orgelfuß mit seinem Monogramm MAP und der Jahreszahl 1513 verewigte.

Die stilistischen Unterschiede zum Fenstergucker an der Kanzel erklärte man mit unterschiedlichen Schaffensperioden des Meisters: Der Kanzelfuß und damit die ganze Kanzel seien ein Frühwerk Pilgrams, da das Porträt noch sehr formalistisch erscheint, während jenes am Orgelfuß deutlich realistischer ausgefallen sei.

Über lange Zeiträume wurde Ähnlichkeit mit Identität gleichgesetzt, und damit wurde die Kanzel in ihrer unglaublich filigranen räumlichen Konstruktion auch Meister Pilgram zugeschrieben.

Porträt des Meister Pilgram

Tatsache ist, dass sich wesentliche stilistische Divergenzen aber nicht nur mit verschiedenen Schaffensperioden erklären lassen. Mittlerweile lässt sich der Schalldeckel der Kanzel – er wird nun als Deckel des Taufbeckens verwendet – ziemlich eindeutig mit 1480 datieren, ein Jahr, für das es keinerlei Beweise für einen Aufenthalt Pilgrams in Wien gibt.

Für den Skulpturentyp des Fensterguckers existiert eine Reihe von Vorbildern in Frankreich. Überdies ist erwiesen, dass Niclaes Gerhaert van Leyden, der die Straßburger Kanzel, aber auch den Sarkophag Friedrichs III. im Stephansdom

Typischer Fenstergucker, neutrales Porträt

schuf, sich bis 1487 in Wien und Wiener Neustadt aufgehalten hatte. Die Verwandtschaft der anderen Kanzelfiguren mit den Werken van Leydens ist stupend. Vor allem die fast entmaterialisierte Bearbeitung des Steins verweist eher auf ihn oder zumindest auf seine Schule. Daher erscheint es zum gegenwärtigen Zeitpunkt als unbestritten, dass die beiden Fenstergucker in St. Stephan das Werk verschiedener Meister sind. Ob van Leyden oder einer seiner Schüler die Kanzel schuf, wird noch weiter zu erforschen sein.

1010 Wien, Stephansplatz (U1 und U3, Autobus 1, 2 und 3)

9. Satire auf den Protestantismus:

„Wo die Kuh am Brett spielt" und andere Wiener Hauszeichen

Das seltsame Hauszeichen am Haus Bäckerstraße 12 erzählt nicht von einem erfinderischen Tierbändiger, der einer Kuh das Brettspiel beibrachte. Das Fresko, das um die Mitte des 17. Jahrhunderts entstanden sein mag, macht sich vielmehr über die Protestanten lustig. Es entstand zu einer Zeit, als in Österreich und vor allem in Wien schon längst die Gegenreformation gesiegt hatte. Andere Erklärungsversuche interpretieren das Fresko als einen bösen Scherz für einen Hausherrn.
Im Vorgängerbau des jetzigen Hauses wohnte zu Ende des 14. Jahrhunderts der Wiener Bürgermeister Konrad Vorlauf. Er erlangte traurige Berühmtheit, da er sich als Wiener Bürgermeister im habsburgischen Erbstreit zwischen Herzog Leopold IV. und Herzog Ernst wie alle begüterten Bürger der Stadt auf die Seite von Herzog Ernst gestellt hatte. Nachdem sich die beiden Kontrahenten geeinigt hatten, wurde Vorlauf auf Forderung der anderen Partei verhaftet und quasi als Sündenbock am 11. Juli 1408 hingerichtet. Er war damals etwa 73 Jahre alt. Bis zur Zerstörung 1945 gab es im Wiener Stephansdom eine Tafel zu Füßen des Friedrich-Grabes, die an ihn erinnerte.
Hausbezeichnungen wie „Wo der Wolf den Gänsen predigt" – der Wolf steht für die „bösen" Protestanten und die Gänse für die „guten" Katholiken – (Wallnerstraße 11; das Original des Hauszeichens befindet sich heute im Wien Museum) und „Wo die Böck' aneinander stoßen" (Postgasse 1) beziehen sich ebenfalls auf den Konflikt zwischen Katholiken und Protestanten. Im Haus Wallnerstraße soll es sogar zu geheimen protestantischen Zusammenkünften gekommen sein. Ein späterer Hausbesitzer wollte mit dieser Bezeichnung eine Warnung an die Bürger richten.
„Wo der Teufel mit der Bognerin rauft" ist ein Hausschild (Bognergasse 3), das an eine alte Wiener Sage anknüpft. Anspielend auf eine Rauferei zwischen dem Teufel und einem alten Weib, trug das Haus die Inschrift: „Pestilenz und Not ein Übel ist, Krieg ein arger Zeitvertreib. Schlimmer als des Teufels Tück und List, Gott behüt uns †††, ist ein böses Weib." 1904 wurde dieses Haus abgetragen.

Auch das Hausschild „Wo die Jungfer zum Fenster hinausschaut" thematisiert eine Wiener Sage von einer Jungfer während der Pestzeit. Als sie vom Fenster aus die Leiche ihres Liebsten im durch Hochwasser angeschwollenen Alserbach vorbeitreiben sah, stürzte sie sich in die Fluten.

Andere recht skurrile Hausbezeichnungen sind uns mit „Wo der Hahn den Hühnern predigt" oder „Wo der Hahn sich im Spiegel schaut" überliefert und lassen sich nicht mehr erklären.

1010 Wien,
Bäckerstraße 12,
Bognergasse 3,
Postgasse 1 und
Wallnerstraße 11
(mehrere U-Bahn-
Anbindungen)

10. Oasen der Stille:

Heiligenkreuzerhof, Blutgassenviertel und Deutschordenshof

Einer der stillsten Plätze der Innenstadt ist der große HEILIGENKREUZERHOF, etwa seit dem 13. Jahrhundert in seinem Kern im Besitz des Zisterzienserstiftes Heiligenkreuz. Die bedeutenden und reichen niederösterreichischen Stifte, wie etwa noch Melk, Göttweig oder Seitenstetten, erwarben in Wien Hausbesitz, um in der Stadt ihre Produkte, in erster Linie Wein, zu verkaufen. Denn seit 1221 besaß Wien mit dem Stadtrecht auch das Stapelrecht, d.h. jeder Kaufmann, der Waren nach Wien brachte, musste diese in der Stadt zum Verkauf anbieten. Diese Güter wurden in den Besitzungen des Stiftes in tiefen Kellern gelagert, die im Laufe der Jahrhunderte gewaltige Dimensionen annahmen. Daneben dienten diese Keller auch der Vorratshaltung, denn Kartoffel, Zwiebeln oder Karotten wurden in kühlen Kellern über den Win-

ter aufbewahrt. Gerade unter dem Heiligenkreuzerhof befindet sich ein riesiges Kellernetz, das nur schwer nutzbar zu machen ist. Andere Weinlagerkeller wie der Esterházykeller am Haarhof oder der Urbanikeller am Hof wurden zu höchst beliebten „unterirdischen" Weinschenken umfunktioniert. Der Aufstieg ans Tageslicht nach einigen „Vierteln" war des öfteren ein Test für die Trinkfestigkeit der Besucher.

Die Gebäude des Heiligenkreuzerhofes stammen in ihrem Kern vermutlich aus dem 12. Jahrhundert, romanische und gotische Bauteile sind erkennbar. Im 17. Jahrhundert wurde die dem hl. Bernhard gewidmete Kapelle errichtet, neben der durch eine Mauer das Prälatengärtchen vom übrigen Hof getrennt wird. Heute ist die kleine Kapelle eine beliebte Hochzeitskapelle, das Altarbild stammt von Martino Altomonte, der im Stiftshof eine Werkstatt betrieb, sich dem Orden als Familiar anschloss und im Heiligenkreuzerhof seinen Lebensabend verbrachte. In den vermieteten Teilen des Heiligenkreuzerhofes lebte im 19. Jahrhundert Ignaz Franz Castelli, dem wir die Idee des Tierschutzes verdanken und im 20. Jahrhundert der Schauspieler und Autor Helmut Qualtinger.

Unweit des Heiligenkreuzerhofes verbindet die BLUTGASSE die Domgasse mit der Singerstraße. Dieser Straßenverlauf gehört zu den ältesten Wiens. Das ursprünglich Kothgässel genannte kurze Straßenstück beherbergte einige öffentliche Abtritte, daher der Name. Dass der Name Blutgasse vom vergossenen Blut der letzten Tempelritter her-

Blick in die Blutgasse

rühre, gehört in das Reich der Legende. Eine martialische Vergangenheit haben allerdings die Häuser Blutgasse 3 – 9, denn in den beiden Fähnrichshöfen trafen sich die Kommandanten der städtischen Wachmannschaften. Ursprünglich eine Pflicht jedes Bürgers, sich an der Wache zu beteiligen, wurden diese Verpflichtungen später an ausgebildete Kräfte abgegeben. Von diesen Fähnrichshöfen führen romantische Durchgänge hinüber in die Grünangergasse. Das ganze Viertel wurde in den sechziger Jahren des 20. Jahrhunderts als eines der ersten Projekte der Altstadtsanierung vorbildlich restauriert.

Der intime, von Pflanzen verwachsene Hof des DEUTSCHORDENSHAUSES wird in den Sommermonaten als Konzertsaal genutzt; mit Blick auf den hoch aufragenden Turm des Stephansdomes werden zumeist Werke Mozarts aufgeführt. Das hat seinen guten Grund, weil 1781 logierte hier Wolfgang Amadeus Mozart im Gefolge seines Dienstherrn, des Salzburger Erzbischofs Hieronymus Franz von Colloredo. Im Deutschordenshaus kam es auch zur in der Literatur vielfach berichteten (und unbewiesenen) Szene, dass der Erzbischof seinen aufmüpfigen Musicus durch seinen Oberstküchenmeister Karl Graf Arco mit einem Fußtritt aus dem Hause befördern ließ und ihm damit den Weg zu einer großen Karriere eröffnete. Im Deutschordenshaus befindet sich seit 1809 die Residenz des Hochmeisters, hier werden das Zentralarchiv des Deutschen Ordens und die Schatzkammer mit den Ordensinsignien verwahrt.

Heiligenkreuzerhof zwischen 1010 Wien Schönlaterngasse 5 und Grashofgasse 3; Deutschordenshof, 1010 Singerstraße 7

11. Ein Relikt aus gotischer Zeit:
Wiens älteste Mühle

Der Wienfluss war in der Frühzeit der Geschichte Wiens eine Lebensader der Stadt. An seinem Ufer und an den kleineren Nebenflüssen befanden sich zahlreiche Mühlen, außerdem siedelten sich hier auch andere Gewerbe wie die Gerber oder die Färber an, die viel Wasser brauchten. Die Abwässer dieser Betriebe gingen ebenso wie alle privaten Abwässer völlig ungeklärt in den Fluss. Der Wienfluss war aber für alle, die keinen Hausbrunnen besaßen, die einzige Trinkwasserquelle. Natürlich war die Wien nicht reguliert, sie floss manchmal träge dahin, nach einem Gewitter aber konnte sie zum reißenden Strom werden.

An die zahlreichen Mühlen erinnern noch heute viele Straßen- und Hausbezeichnungen wie Bärenmühle, Hofmühle, Schleifmühle oder eben die Heumühle, deren Gebäude noch erhalten ist.

Die Mühle gehörte einst dem Heiligengeistspital und war vor 1326 errichtet worden. Als sie 1529 im Verlauf der Ersten Türkenbelagerung nieder brannte, übernahm das Wiener Bistum die Mühl- und Wasserrechte, denn das Spital war Pleite gegangen. Den Mühlenneubau verpachtete die Kirche dann. Als der Mühlbach, ein Seitenarm des Wienflusses, der die Mühle antrieb, verschüttet wurde, stellte man den Mühlenbetrieb ein. Das Erzbistum übergab die Oberherrschaft der Stadt Wien, die 1856 die Wasserrechte mit 30.000 Gulden ablöste. Seit damals war im Mühlengebäude eine Gastwirtschaft untergebracht.
Pläne, das stark baufällige Haus, wahrscheinlich Wiens ältester profaner Bau, im Einklang mit dem Denkmalschutz zu restaurieren, wurden mittlerweile in die Tat umgesetzt. Auch der Hausbestand der Umgebung wurde einer Generalsanierung unterzogen. Die Nachnutzung der sanierten Mühle ist noch nicht völlig geklärt, ein Kulturzentrum und ein Café sind im Gespräch. Derzeit wirkt die Mühle noch zu neu und schön herausgeputzt, um den Charme ihres Alters wirklich entfalten zu können.

*1040 Wien,
Häuserkomplex
Heumühlgasse 9 bzw.
Schönbrunner Straße 2
(U4 Autobus 59A)*

12. Ein Lustschloss mit Tiergarten:

Das Neugebäude in Simmering

Der tolerante Kaiser Maximilian II., der sich ein Leben lang nicht klar zwischen katholischer Kirche und Protestanten entscheiden wollte und aus politischem Kalkül auch nicht konnte, hegte eine große Vorliebe für die Jagd und für Tiergehege. So ließ er unweit des alten Jagdschlosses Kaiserebersdorf ein neues Gebäude, das „Neugebäude", als Lustschloss und große Menagerie errichten. Er beauftragte damit die Stararchitekten seiner Zeit, Jacopo da Strada und Pietro Ferrabosco, und bedeutende Künstler wie Bartholomäus Spranger. Sie schufen 1568 bis 1575 einen weitläufigen Komplex, der in etwa mit dem Palazzo del Tè in Mantua vergleichbar ist.

Das Halten von exotischen Tieren gehörte im 16. Jahrhundert zum Prestige eines Herrschers. Als Maximilian von Spanien nach Österreich kam, brachte er sogar einen Elefanten mit nach Wien. Allerdings starb dieser schon nach eineinhalb Jahren – weder Klima noch Pflege dürften diesem Exoten gerecht geworden sein. Zur Bewahrung seines Andenkens wurde aus seinem Vorderfuß ein Stuhl gefertigt, der schließlich in der Sammlung von Stift Kremsmünster landete.

Im Neugebäude wurden auch einige – das rauere Klima vertragende – Löwen gehalten, um die sich eine alte Sage rankt: Als anlässlich einer Hochzeit ein Löwe aus dem Käfig ausbricht, wird er von der Tochter des Schlossverwalters, die dem Löwen sehr zugetan ist, wieder zurück in den Käfig gebracht. Tier und Mädchen bleiben einander verbunden. Als das Mädchen jedoch Hochzeit halten will, tötet sie der Löwe. Darauf bringt der Bräutigam seinerseits den eifersüchtigen Löwen um. An diese Geschichte erinnerte lange das Haus „Zur Löwenbraut" (Salzgries 9–13), das angeblich dem unglücklichen Bräutigam gehörte.

Nach dem Tod Kaiser Maximilians II. ließ sein Nachfolger Rudolf II. den Fasangarten, in dem sich Fasane, Rebhühner und Mufflons tummelten und Schwäne in Teichen schwammen, zwar ausbauen, bewohnt oder benutzt wurde das Neugebäude aber nur mehr selten. In den zwanziger und dreißiger Jahren des 17. Jahrhunderts wurde noch einmal renoviert und alle Tiere aus Kaiserebersdorf wurden hierher gebracht.

Idealmodell des kaiserlichen Lustschlosses

Um 1665 tauchte erstmals das Gerücht auf, dass das Neugebäude an jenem Ort errichtet worden sei, an dem 1529 während der Ersten Türkenbelagerung das Zelt Süleymans des Prächtigen gestanden sei. Jedenfalls wurde das Neugebäude bei der Zweiten Türkenbelagerung verschont, Kara Mustafa soll den angeblichen Lagerplatz des großen Sultans sogar besucht haben.

Den ungarischen Kuruzzen blieb es vorbehalten, das Gebäude im Jahr 1704 zu plündern und alle Tiere zu töten. Sie schmückten sich mit den abgezogenen Häuten der getöteten Tiger und Leoparden. Angeblich stammt von diesem Gemetzel her der Brauch der ungarischen Militärs, zu ihren Uniformen ein Exotenfell über der Schulter zu tragen.

Danach war die Glanzzeit des Neugebäudes vorbei, es diente nur mehr militärischen Zwecken und wurde schließlich als Steinbruch für den Neubau von Schönbrunn verwendet. Schon damals war der Verfall des Schlosses nicht mehr aufzuhalten.

1110 Wien, Simmeringer Hauptstraße 337, Neugebäudestraße (U3 Simmering, Autobus 73A)

1922 errichtete der Architekt Clemens Holzmeister auf dem Areal des Neugebäudes für die Stadt Wien ein Krematorium. Versuche engagierter Architekten, das verfallene Renaissancejuwel zu retten bzw. zu reanimieren, scheiterten bis jetzt an den enormen Kosten und an der nicht geklärten Nachnutzung. Nun gibt es abermals Pläne zur Wiederrichtung der Gartenanlage.

13. Wo die Republik gegründet wurde:

Der niederösterreichische Landtagssaal

Als im Juli 1986 in Niederösterreich darüber abgestimmt wurde, welche der Viertelhauptstädte Landeshauptstadt werden sollte und dabei St. Pölten als Sieger hervorging, war es klar, dass nun sukzessive die niederösterreichischen Dienststellen, sowohl der Gesetzgebung als auch der Verwaltung, Wien verlassen würden. Nach dem Bau des Regierungsviertels in St. Pölten waren die Zentren der niederösterreichischen Politik in der Wiener Herrengasse funktionslos geworden. Sowohl für das historisch äußerst bedeutsame Landhaus als auch für das Gebäude der Landesregierung musste eine Nachnutzung gefunden werden.

In das Gebäude der Landesregierung (Herrengasse 11) zog das österreichische Außenministerium, das nach Jahren eines gewissen Verdrängungswettbewerbs im Bundeskanzleramt nun alle seine Abteilungen in einem Haus konzentrieren konnte.

Das historisch wichtigere Gebäude, das Landhaus, das ebenso wie die Landesregierung im Besitz des Landes Niederösterreich verblieb, fungiert nunmehr gleichsam als Botschaft Niederösterreichs in der Bundeshauptstadt. Unter der Bezeichnung „Palais Niederösterreich" wird es vielfach für Veranstaltungen, Ausstellungen und besondere Auftritte des Landes in der Bundeshauptstadt genutzt. Damit blieb die historische Kontinuität erhalten. Denn das Landhaus spielte nicht nur in der Geschichte Niederösterreichs eine bedeutsame Rolle, sondern war auch für die Geschichte ganz Österreichs von größter Wichtigkeit.

1513 hatten die niederösterreichischen Stände das ehemals Liechtenstein'sche Haus erworben, es nach und nach ausgebaut und für die steigenden Bedürfnisse erweitert. Hier fanden die jeweiligen Erbhuldigungen für den Erzherzog statt, hier war das Herz des politischen Lebens des Landes. 1710 ging der Auftrag an Antonio Beduzzi für das Deckenfresko des Festsaales; für die „Apotheose Austriae" erhielt er 2.400 Gulden Honorar. Die Landhauskapelle, im Renaissancestil gehalten, war im 16. Jahrhundert das kulturelle und religiöse Zentrum des protestantischen Wiens. In der ersten Hälfte des 19. Jahrhunderts gestaltete Alois Pichl für den gesamten Baukomplex eine einheitliche klassizistische Fassade.

Vom Hof des Niederösterreichischen Landhauses nahm 1848 die Revolution ihren Ausgang, hier verlangte der Arzt Adolf Fischhof eine Konstitution, nachdem er die Rede des ungarischen Revolutionärs Ludwig

Kossuth verlesen hatte. Im niederösterreichischen Landhaus wurde zweimal, nach dem Ersten und nach dem Zweiten Weltkrieg, die Republik Österreich gegründet bzw. wieder begründet. Am 21. Oktober 1918 traten im Landhaussaal die deutschsprachigen Abgeordneten des Reichsrates der österreichischen Reichshälfte zusammen. Auf Grund der Erklärung von Kaiser Karl vom 16. Oktober, in der er auf jeden Anteil an den Regierungsgeschäften verzichtet hatte, beschlossen sie die Gründung eines deutschösterreichischen Staates und erklärten sich zur Provisorischen Nationalversammlung dieses Staates. Die Versamm-

lung bestand aus 65 Vertretern der Christlichsozialen Partei, 37 Sozialdemokraten und 106 deutschnationalen und liberalen Abgeordneten. Am 24. September 1945 fand im Landhaussaal die erste so genannte Länderkonferenz statt. Vertreter alle österreichischen Bundesländer fanden sich erstmals nach Kriegsende zusammen, um über die künftige Gestaltung des vierfach besetzten Landes zu beraten. Primär wurde die provisorische Regierung Karl Renners von allen Bundesländern anerkannt. Zwei weitere Länderkonferenzen fanden im Oktober statt, sie widmeten sich der Abhaltung der ersten Nationalratswahlen nach dem Krieg.

1010 Wien,
Herrengasse 11 und 13
(Autobus 1)

II. Kirchen und Sakralbauten

14. Kunstpfarre am Michaelerplatz:

Pfarrkirche zum hl. Erzengel Michael

Die in ihrem Kern spätromanische Kirche beherbergt nicht nur bedeutende Kunstschätze, sondern ist auch die Wiener Pfarre der Künstler. Alljährlich feiern sie hier ihren Aschermittwoch mit Lesungen und Musik. Der Aschermittwoch der Künstler wurde früher sogar im Fernsehen übertragen. Berühmt sind die kunstvollen Fastentücher der Kirche, die auch von zeitgenössischen Künstlern gestaltet werden.

Die Gruft von St. Michael, in der bis weit in die Barockzeit Beisetzungen stattfanden, liefert einen Querschnitt durch Wiens Adelsfamilien. Mitglieder der Familien Herberstein, Trautson und Mollard wurden in einzelnen Gruftkammern beigesetzt. Da die Gruft sehr trocken ist, blieben die Särge offen. Im Laufe der Zeit wurden dann immer wieder Särge zerschlagen, die Gebeine zusammen geschlichtet und mit Erde bedeckt. So wurden aus den ehemals sehr hochragenden Räumen durch die wachsenden Erdaufschichtungen niedrige Gelasse. Verstorbene Kinder wurden in einer eigenen Gruftkammer beigesetzt, der so genannten „Engelgruft". Manche Holzsärge sind mit Leimfarben bemalt und tragen Insignien der Vergänglichkeit, wie Kreuz, Sanduhr und Totenschädel.

Manche Särge blieben noch offen erhalten, und man kann ehemalige Hofbeamte in ihren einst prächtigen Amtskleidern erkennen. Hier wurde auch der berühmte Dichter und Librettist Glucks und Mozarts Pietro Metastasio, der als poeta caesareo (= kaiserlicher Dichter) in Wien wirkte, beigesetzt. Seine Grabtafel befindet sich in einem Nebenchor der Kirche. Die Gruft kann bei Führungen besichtigt werden.

In einer kleinen Seitenkapelle rechts vom Eingang ist ein seltsamer Stilmix zu entdecken, zwischen zwei alten Fresken befindet sich ein Gedenkrelief für den von den Nationalsozialisten 1934 ermordeten Bundeskanzler des korporatistischen Ständestaates Engelbert Dollfuß, an den beiden anderen gegenüberliegenden Wänden sind ein Mahnmal für die in den Konzentrationslagern ermordeten Österreicher und ein Gedenkkreuz für diese Österreicher vom Dachauer Friedhof.

Im linken Nebenhaus von St. Michael, im so genannten Großen Michaelerhaus, einem wunderbaren Barockbau mit Resten von Pawlatschen und einem sehr stimmungsvollen Innenhof, wohnte 1751 bis 1756, nach seiner Entlassung aus der Chorkapelle wegen Stimmbruch, in einer Bodenkammer der Komponist Joseph Haydn. Er wurde damals von dem im selben Haus wohnenden Komponisten und Gesangslehrer Antonio Porpora gefördert. In diesem Haus hatte auch Metastasio bis zu seinem Tod 1782 Logis genommen.

Das rechte Nebenhaus von St. Michael, auch Kleines Michaelerhaus genannt, erhebt sich auf dem ehemaligen Friedhof der Michaelerkirche. Durch das Haus führt ein malerischer Durchgang mit einem Ölbergrelief zur Habsburgergasse.

1010 Wien, Michaelerplatz, Kohlmarkt 11 (Autobus 1)

15. Strenge Steuergrenze:
Die Hundsturmer Linienkapelle

Als 1704 die Kuruzzen, antihabsburgisch gesinnte, aufständische Ungarn, die sich mit den Osmanen verbündet hatten, die Wiener Vorstädte bedrohten, wurde in aller Eile ein Verteidigungswall errichtet. Das Projekt wurde „Linea" genannt: Es bestand aus einer Palisadenwand und dahinter lag ein Graben. Im März wurde der Bau begonnen, alle Stadtbewohner zwischen 18 und 60 Jahren mussten bei der Schanzarbeit helfen, täglich waren etwa 1.000 Arbeiter im Einsatz. Finanziert wurde der Bau durch die allgemeine Schanzsteuer. Als im Juli 1704 wegen Geldmangels die Arbeit am Linienwall eingestellt wurde, hatte er bereits eine Höhe von vier Metern erreicht. Insgesamt war die gesamte Anlage 13,5 Kilometer lang, der Wall begann an der Donau bei St. Marx, umschloss die heutigen Bezirke drei bis neun und erreichte in Lichtental wieder die Donau. Die Verteidigungslinie erwies sich als äußerst effektiv, denn im Juni 1704, noch während am Linienwall gebaut wurde, konnte der Angriff der Kuruzzen erfolgreich zurückgeschlagen werden.

Den Zugang zur Stadt bildeten insgesamt neun Tore, neben denen man im Laufe der Zeit die so genannten Linienämter errichtete, wo Mautgelder eingehoben wurden. Zwischen 1740 und 1760 wurden bei den Toren auch kleine Kapellen gebaut, die alle dem Brückenheiligen Johannes Nepomuk gewidmet waren.

Im 19. Jahrhundert hatte der Linienwall als Verteidigungsbauwerk ausgedient. Schnell wurde er zu einer fiskalischen Grenze umfunktioniert, denn nun wurde in den Linienämtern die so genannte Verzehrsteuer eingehoben, eine Steuer auf alle in die Stadt eingeführten Lebensmittel. Diese Steuer verteuerte die Lebensmittel in der Stadt erheblich, wodurch der Linienwall auch zu einer sozialen Grenze wurde. Denn wer arm war, musste jenseits des Linienwalls Logis nehmen – da war der Einkauf von Lebensmitteln billiger. Diese Grenze blieb bis zur Eingemeindung der Vororte im Jahr 1891 bestehen. Ab 1873 wurde der Linienwall kontinuierlich abgebaut, an seiner Stelle wurde die Gürtelstraße trassiert.

Noch heute steht die kleine Kapelle vor der Hundsturmer Linie (fünfter Bezirk). Die lebensgroßen Heiligenstatuen, die das kleine Gotteshaus früher flankierten, sind verschwunden. Die Kapelle aus dem Jahr 1759 war schon ziemlich verfallen, doch wurde sie nun endlich innen und außen restauriert.

1050 Wien,
Schönbrunnerstraße,
nach Nr. 124
(U4 und Autobus 12A)

16. Streit um eine Kirche:
Die alte Matzleinsdorfer Pfarrkirche

Mitte der 60er-Jahre erhitzte der Abriss einer architektonisch an sich unbedeutenden Kirche die Gemüter der Wiener: Die alte Matzleinsdorfer Pfarrkirche, im Volksmund „Rauchfangkehrerkirche" genannt, weil diese Zunft dort regelmäßig Umzüge veranstaltete, musste dem Verkehr auf der Wiedner Hauptstraße geopfert werden. Sie galt als einmalig – weil sie mitten auf der Straße stand, denn links und rechts führte jeweils eine Fahrbahn vorbei. Die 1725 errichtete Kirche „Zum heiligen Florian", bis 1783 Filialkirche von St. Stephan, war ein typisches bescheidenes Vorstadtkirchlein im Barockstil, in ihrer Uniformität entsprach sie ganz dem josephinischen Sparsamkeitsgebot. Doch trotz dieser Schlichtheit war sie schon Kaiser Joseph II. ein Dorn im Auge, aber der Widerstand der Bevölkerung verhinderte damals einen Abriss.

Im Jahr 1900 wurde die Kirche sorgsam restauriert, 1937 um den von Karl Ehn erbauten Pfarrhof erweitert (er war übrigens auch der Erbauer des Karl Marx-Hofes). Sogar den Zweiten Weltkrieg überstand sie noch unbeschadet, aber Mitte der 60er-Jahre schlug ihre Stunde. Die Matzleinsdorfer Pfarrkirche war wegen ihrer den Verkehr behindernden Lage den Stadtplanern im Weg: Ihretwegen mussten die Autofahrer bremsen, ihretwegen war der Verkehrsfluss in der Wiedner Hauptstraße unterbrochen.

Der Entscheid für den Abbruch führte zu einer ersten vehementen Diskussion um die Stadterhaltung in Wien, doch die Befürworter des Kirchenerhalts kämpften vergeblich. Die Verkehrsplaner und Fetischisten von glatten Neubauten behielten die Oberhand. Heute erinnert nur mehr ein Mosaik an das alte Kirchlein.

Als Ersatz wurde ein wenig stadteinwärts bei der Wiedner Hauptstraße 97 vom deutschen Star der Sakralarchitektur Rudolf Schwarz eine moderne turmlose Kirche in Stahlbeton-Skelettbauweise errichtet. Nur wenige Ausstattungsstücke aus der alten Kirche wurden in den Neubau übertragen. Die Wiener konnten sich lange nicht mit dieser „Gottesgarage" anfreunden, zu ungewohnt und vielleicht auch zu unausgereift war der Ersatzbau.

1050 Wien, Wiedner Hauptstraße, bei Nr. 97 bzw. 105 (Straßenbahn 1 und 62, Badner Bahn)

17. „Zur Erinnerung an die Vermählung":
Die Elisabethkapelle

Karl Freiherr von Sothen, Bankier und Grundbesitzer Am Himmel, einer Anhöhe in Ober-Sievering, ließ zur Erinnerung an die Vermählung von Kaiser Franz Joseph und Elisabeth in Bayern eine Kapelle errichten, die am 31. Juli 1856 eingeweiht wurde. Was den ziemlich übel beleumdeten Freiherrn von Sothen bewog, die Kapelle zu errichten, ist unbekannt. Er selbst fand ein gewaltsames Ende, wurde er doch von einem Forstwart erschossen, da er sich bei einer Typhusepidemie nicht darum gekümmert hatte, Hilfe für seine Mitarbeiter zu organisieren. Angeblich soll ein bitterböser Nachruf auf seinem Grabmal gestanden sein:

„Hier in dieser Gruft
Liegt ein großer Schuft.
Zeigts kann Zwanzger runter,
sonst wird er wieder munter."

Die später auch als Grablege für den Freiherrn und seine Gattin Franziska verwendete romantisch-neogotische Kapelle wurde vom Architekten Johann A. Garben an einem landschaftlich wunderbaren und als Ausflugsziel sehr beliebten Ort geplant. Denn seinerzeit gab es Am Himmel auch ein Schloss und einen Teich, und neben einem sehr beliebten Gasthof lockten noch andere Vergnügungen wie eine Kegelbahn. Ob die Kaiserin allerdings die Kapelle je besucht hat, ist unbekannt.

Nach Sothens Tod ging der Besitz Am Himmel an das Nonnenkloster „Zum armen Kinde Jesu".
Im Zweiten Weltkrieg schwer beschädigt, war das kleine Gotteshaus zuletzt sichtlich in die Jahre gekommen, Bauteile waren locker, der Putz war teilweise heruntergefallen – die „Sisi-Kapelle" war ein Sanierungsob-

jekt. Das von Leopold Kupelwieser geschaffene Altarbild konnte noch rechtzeitig in Sicherheit gebracht werden, es befindet sich heute im Dom- und Diözesanmuseum.
Anlässlich des Sisi-Gedenkjahres 1998, 100 Jahre nach der Ermordung der Kaiserin am Genfersee, fanden sich nicht nur Nostalgiker, sondern auch eine Gruppe von Förderern, die das gesamte Ensemble Am Himmel im Auge hatten. Denn hier war in der Zwischenzeit ein Landschaftskunstwerk entstanden: der Lebensbaumkreis erfreut sich eines regen

Besucherzustroms, und mit dem „Oktogon" steht auch wieder ein Gastronomiebetrieb zur Verfügung. Eine verfallene Kapelle – zwar von beachtenswerter Architektur – hätte in dieses Ensemble nicht hineingepasst. So wurden Geldgeber und Sponsoren gesucht, die die insgesamt 1,1 Millionen Euro für die Gesamtrestaurierung aufbringen sollten. Fast die Hälfte des Betrages, nämlich 475.000 Euro, steuerte schließlich die Stadt Wien bei.
2002 erwarb das „Kuratorium Wald" das Gebäude und richtete in der 2005 wieder eröffneten Kapelle auf 14 Flachbildschirmen den „Kreuzweg der Natur" ein, eine Dokumentation darüber, welche Schäden die Natur nehmen kann, wenn sie gnadenlos ausgebeutet wird. Damit fügt sich die Kapelle formal und inhaltlich in das Gesamtkunstwerk Am Himmel ein.

1190 Wien, Am Himmel (zu Fuß vom Autobus 38A)

18. Dem „Hansl am Weg" gewidmet:

Die St.-Johannes-Nepomuk-Kapelle

Der hl. Johannes Nepomuk zählt zu den beliebtesten Heiligen unseres Landes. Da seine Statue oft an Brücken und Wegen errichtet wurde, nannte man ihn im Volksmund „Hansl am Weg". Der vom böhmischen König Wenzel IV. 1393 dem Märtyrertod überantwortete Priester wurde im Jahr 1729 heilig gesprochen, was in Wien einen wahren Nepomuk-Kult auslöste, der vor allem von den weiblichen Mitgliedern des Kaiserhauses sehr gefördert wurde. Angeblich war Nepomuk ja zum Tode durch Ertränken verurteilt worden, weil er das Beichtgeheimnis der Königin nicht preisgeben wollte. Tatsächlich dürfte er auf der Wahrung der Rechte der Kirche bestanden haben.

Jedenfalls gab es in Wien im 18. Jahrhundert eine Nepomuk-Bruderschaft, der sogar Kaiser Karl VI. und Kaiserin Elisabeth Christine angehörten. Die Mitglieder dieser Bruderschaft mussten sich zu verschiedensten religiösen Pflichten, zur Krankenpflege und zur Wahrung der Keuschheit verpflichten. Am Höhepunkt des Kultes gab es in Wien etwa 300 Nepomuk-Statuen und eine ganze Reihe von Kapellen. Zumeist wurde der Heilige als Priester mit einem Birett, das von fünf Sternen umrahmt ist, dargestellt, einen Finger legt er als Mahnung zur Verschwiegenheit auf den Mund.

1090 Wien, Währinger Gürtel, bei Nr. 88 (U6)

Eine dieser zahlreichen Nepomuk-Kapellen, die 1740 gestiftet wurde, wurde Ende des 19. Jahrhunderts von Otto Wagner neu errichtet, da die alte Kapelle der Gürteltrassierung zum Opfer gefallen war. Es war dies der erste Sakralbau des großen Architekten. Bis zur Fertigstellung der Kapelle 1898 revidierte Wagner seine Pläne mehrfach. Damals noch sehr am Stil seines Lehrers Theophil Hansen orientiert, wählte er als Grundriss für das kleine Gotteshaus ein griechisches Kreuz, über dem er einen zentralen Kuppelbau in modifiziertem Renaissancestil erbaute.

19. Minarette an der Donau:

Die Wiener Moschee

Am 20. November, dem islamischen Neujahrstag, wurde im Jahr 1979 Wiens erste und bisher einzige Moschee in Anwesenheit von Bundespräsident Rudolf Kirchschläger und Bundeskanzler Bruno Kreisky eröffnet. Zur damaligen Zeit waren die Beziehungen zu den arabischen Ländern intensiv und sehr gut, die Finanzierung des gewaltigen Bauvorhabens durch saudiarabische Financiers war kein Problem. Inzwischen gibt es zahlreiche islamische Gebetshäuser, aber eine zweite Moschee wurde noch nicht erbaut. Die Moschee wurde aber nicht errichtet, um die gegenseitigen guten Beziehungen unter Beweis zu stellen oder um eine Anerkennung der islamischen Religionsgemeinschaft herbeizuführen. Denn die war schon in der k.u.k. Monarchie 1912 erfolgt, als man dem Umstand, dass nach der Annexion von Bosnien-Herzegowina eine beträchtliche muslimische Bevölkerungsgruppe zum Vielvölkerstaat gekommen war, Rechnung trug.

Der Grund für die Errichtung der Moschee 1979 – übrigens durch einen österreichischen Baumeister, der mit diesem Projekt hohes Prestige und einen ständigen Platz in der ORF-Society-Sendung „Seitenblicke" gewann – war der ständige Anstieg der islamischen Bevölkerung in Wien. Es waren dies die Jahre des Gastarbeiterzustroms aus den Balkanländern und aus der Türkei. 1971 zählte man nur etwa 5.800 muslimische Glaubensangehörige in Wien, bei der Volkszählung 2001 waren es bereits mehr als 121.000. Das entspricht einem Bevölkerungsanteil von 7,8 Prozent. In ganz Österreich bilden die Muslime inzwischen die drittgrößte Religionsgemeinschaft – nach den Katholiken und den beiden protestantischen Bekenntnissen.

Inzwischen ruft in Wien dreimal täglich der Muezzin zum Gebet, was bereits zu Protesten der benachbarten Bevölkerung führte, mit dem Ergebnis, dass die Lautsprecher leiser gestellt wurden.

Das Islamische Zentrum an der Donau umfasst die Moschee mit einem 32 Meter hohen Minarett, eine Bibliothek, eine Koranschule und eine Mehrzweckhalle. Bis zu 1.500 Gläubige finden sich jeden Freitag zum Gebet ein. Zusätzlich gibt es in Wien 40 andere islamische Gebetsstätten, keine davon kann jedoch mehr als 500 Gläubige aufnehmen. Eine weitere Moschee wäre nötig, doch es fehlen die entsprechenden Geldgeber. Seit März 2009 besteht in der Moschee auch ein „Institut für interkulturelle Islamforschung". Ein islamischer Friedhof, der erst kürzlich in Liesing angelegt wurde, ist der erste seiner Art in Österreich. 2010 soll ein zweiter im Vorarlberger Altach folgen.

1210 Wien, Bruckhaufen (U6)

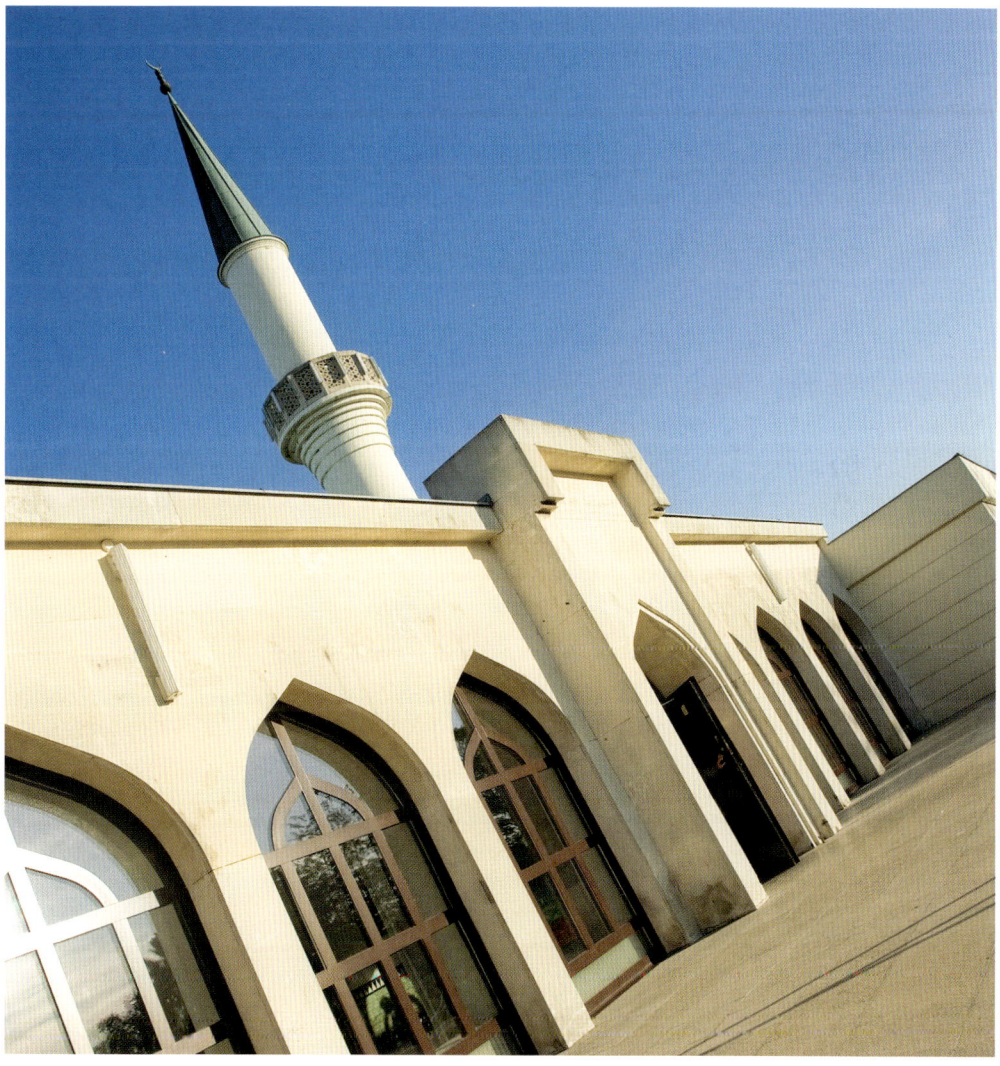

20. Der Bildhauer als Architekt:

Die Kirche zur Hl. Dreifaltigkeit (Wotruba-Kirche)

Der ungewöhnliche Kirchenbau auf dem Maurer Georgenberg entspringt der Idee einer religiösen und sehr tatkräftigen Frau: Margarethe Ottillinger konnte auf ein Leben voller Höhen und Tiefen zurückblicken. Schon in sehr jungen Jahren durchlief sie eine großartige Karriere in der Wirtschaftsbürokratie. Als erste Frau in Österreich erreichte sie den Rang einer Sektionsleiterin im Bundesministerium für Vermögensschutz und Wirtschaftsplanung, und ihrem unermüdlichen Wirken sind entscheidende Weichenstellungen für Österreichs Wirtschaft nach 1945 zu verdanken. Gleichsam auf dem Höhepunkt ihrer beruflichen Laufbahn wurde sie am 5. November 1948 von russischen Besatzungssoldaten an der berüchtigten Ennsbrücke aus dem Autokonvoi von Minister Peter Krauland, der unbehelligt weiter fahren durfte, verhaftet und monatelang in Gefängnissen in Österreich und Russland festgehalten. Die Anklage lautete auf Spionage, was die tüchtige, aber vielleicht etwas naive Frau immer entschieden zurückge-

wiesen hat. Auch Einzelhaft, Folterzellen und psychische Qualen vermochten sie nicht zu brechen. In einem abstrusen Verfahren wurde sie zu 25 Jahren Zwangsarbeit verurteilt.

Als sie nach Abschluss des Staatsvertrages schwer krank und psychisch wie physisch von der Haft gezeichnet nach Österreich zurückkehrte, erhielt sie mit viel Mühe einen adäquaten Wirkungsbereich in der Verstaatlichten Industrie, nämlich in der ÖMV (= Österreichische Mineralöl Verwaltung), keineswegs aber ihren früheren Posten als Sektionsleiterin. Als geborener Workaholic stürzte sie sich trotzdem sofort in die Aufbauarbeit des Ölkonzerns, den sie nach den Jahren der sowjetischen Verwaltung erfolgreich austrifizieren konnte. Daneben engagierte sie sich noch in zahlreichen Initiativen, vor allem im Bereich der antikommunistischen Politik und der katholischen Kirche.

Ihr Lebenswerk krönte sie mit dem Entschluss, eine Kirche zu bauen. Es gelang ihr, den international renommierten Bildhauer Fritz Wotruba, der sich selbst als areligiös bezeichnete, für ihre Idee einzunehmen. Nach langem Suchen fand sie auch einen Bauplatz für den monumentalen Entwurf Wotrubas. 1976 konnte der Architekt Fritz Mayr am Georgenberg den Plan des kurz zuvor verstorbenen Künstlers realisieren: Eine aus Betonquadern aufgeschichtete Skulptur, deren Innenraumgestaltung durch ihre Leichtigkeit und Helligkeit überrascht. Es ist ein stilles, eng mit der Natur verbundenes Gotteshaus, nicht prunkvoll und doch Ehrfurcht gebietend.

1230 Wien, Maurer Lange Gasse 137 (Autobus 60A)

III. Barocker Glanz und Lebensfreude

21. „Si vuol ballare Signor Contino ..." – „Wollt Ihr nun tanzen, mein lieber Herr Graf ...":

DAS FIGAROHAUS

Die Einladung zum Tanz für den liebeshungrigen Grafen Almaviva schrieb Wolfgang Amadeus Mozart im heute so genannten „Figarohaus", seiner achten Wohnstätte in Wien. Das Haus war im 17. Jahrhundert erbaut worden, seit 1755 befand es sich im Besitz der Herren von Camesina, 1806 ging es dann ins Eigentum von Johann Baptist Lampi, Maler und Mitglied der Akademie der bildenden Künste, über. Mozart bewohnte das herrschaftliche Appartement im ersten Stock, das vier Zimmer und Nebenräume umfasste, darunter einen Salon mit Stuckdecke, mit seiner Frau Konstanze in den Jahren 1784 bis 1787. Warum der Komponist wieder einmal umgezogen war, ist nicht ganz klar, denn seine bisherige Wohnung am Trattnerhof war wesentlicher billiger, wohl aber lauter gewesen. Für das neue Logis in der Domgasse zahlte Mozart immerhin 460 Gulden Jahresmiete, davor waren es nur 150 Gulden gewesen. 1786 wurde hier auch sein Sohn Johann Thomas Leopold geboren, er wurde aber nur einen Monat alt.
Die zweieinhalb Jahre in dieser neuen Bleibe waren eine sehr fruchtbare Schaffensperiode, hier komponierte Mozart wichtige Werke: zwei Quintette, vier Quartette, drei Trios, zwei Klavierquartette, drei Klaviersonaten, zwei Violinsonaten; elf Klavierkonzerte, das Hornkonzert, die c-Moll-Phantasie, eine Kantate und nicht zuletzt die „Hochzeit des Figaro".
Hier empfing Mozart auch Gäste, so ist ein Besuch Joseph Haydns bekannt, bei dem die Streichquartette, die er dem Meister später widmete, gespielt wurden. Die Wohnung war so groß, dass auch Hausgäste wie Vater Leopold Aufnahme fanden. Zwei Jahre lang wohnte dort auch der damals siebenjährige Johann Nepomuk Hummel, den Mozart als Schüler angenommen hatte. Alles in Allem – ein wirtschaftlich und gesellschaftlich für Mozart höchst erfolgreicher Abschnitt seines Lebens. Er war zu diesem Zeitpunkt keineswegs arm, allerdings stets leichtlebig und machte immer wieder Spielschulden. Doch Ehefrau

Konstanze hielt das Geld gut zusammen. Gesellschaftlich war der Komponist zu dieser Zeit sehr arriviert, denn 1784 wurde er in die Wiener Freimaurerloge „Zur Wohltätigkeit" aufgenommen. Zwei Jahre später wechselte er zur Loge „Zur neugekrönten Hoffnung". Unter den Freimaurern hatte Mozart viele Freunde, aus diesen Verbindungen entstanden Anregungen für etliche seiner Kompositionen. Am 1. Mai 1786 wurde die Oper „Le Nozze di Figaro" nach dem Textbuch von Lorenzo da Ponte im Burgtheater uraufgeführt. Immerhin gab es in Wien neun Aufführungen, in Prag wurde Mozart gefeiert. Erst im Herbst 1787 zog er – wohl aus wirtschaftlichen Gründen – in die Vorstadt, in die Landstraße Hauptstraße.

Das Haus in der Domgasse, das sich bis zur Schulerstraße erstreckt, ist ein klassisches Wiener Barockhaus mit Pawlatschen. Es ist noch heute in seinem ursprünglichen Zustand, allerdings erfolgte anlässlich des Mozartjahres 2006 eine Restaurierung der Fassade und der originalen Wohnräume. Sie sind zu besichtigen.

1010 Wien,
Domgasse 5 (U1 und
U3 Stephansplatz,
Autobus 1,2 und 3)

22. Wie der Nestroy in die Hofburg kam:

Die Redoutensäle

Am 27. November 1992 brannte es in der Wiener Hofburg. Der tagelange Schwelbrand, dessen Ursache nicht völlig geklärt werden konnte, führte zu einer der größten Brandkatastrophen bei Kulturbauten nach dem Zweiten Weltkrieg. Der sich über die Dachstühle ausbreitende Feuersturm verheerte in erster Linie die beiden Redoutensäle, die angrenzende Nationalbibliothek blieb verschont. Bevor dies klar wurde, hatten Bedienstete und Exekutive schon mehr als 14.000 der wertvollsten Bände aus dem Prunksaal der Bibliothek evakuiert.

Evakuiert wurden auch die in der nahen Stallburg untergebrachten Lipizzaner, die durch Rauchgase bedroht waren. Bei der Bergung der wertvollen Tiere halfen vorbeikommende Passanten, die die kostbaren Pferde in den Volksgarten zum Grasen brachten. Erst am nächsten Tag, etwa um die Mittagszeit, konnten sie in ihre Ställe zurückkehren. Nervös und durch die ungewöhnliche Situation höchst aufgeregt, tänzelten die Pferde über den Inneren Burghof wieder Richtung Heimatstall. Die Bilanz des Feuers war schlimm: beide Redoutensäle völlig zerstört, die Deckengemälde, die gesamten Paneele und die hübsche kleine Freitreppe im Großen Redoutensaal – Opernfans werden sich in diesem Zusammenhang an die bezaubernden Aufführungen von Mozartopern erinnern – verkohlt. Nach dem Brand folgte eine intensive Diskussion darüber, welches Aussehen die Säle erhalten sollten: originalgetreu nachgebildet oder in völlig neuer

Wenige Tage nach dem Brand

Gestalt. Schließlich fiel die Entscheidung zu Gunsten einer Generalrestaurierung, die 22 Wandpaneele und das 400 m² große Deckenfresko jedoch sollte ein zeitgenössischer Künstler gestalten. Mit dieser Aufgabe wurde der bedeutende Maler Josef Mikl beauftragt. Er entwickelte einen Gemäldezyklus, der seinen Inhalt aus Zitaten des österreichischen Dichters Johann Nestroy bezieht. Immer wieder versteckt der Künstler in den Bildern Textbotschaften, die quasi subkutan allgegenwärtig sind. Natürlich gab es aufgeregte Debatten über die Vermischung von Alt und Neu, über den Künstler und über seine Realisierung des Auftrags. Letztendlich waren aber alle von der Pracht und Kraft der in warmen Rot- und Erdtönen gehaltenen Decke und den Wandpaneelen, für deren Realisierung Mikl ein eigenes Atelier anmieten musste, begeistert. Die Restaurierung war noch nicht abgeschlossen, als bereits die ersten Veranstaltungen im neuen Ambiente stattfanden. Zusätzlich wurde im Dachgeschoß über den Redoutensälen von Architekt Manfred Wehdorn ein hoch modernes Pressezentrum mit einer interessanten Fensterlösung in Richtung des Hofes der Winterreitschule errichtet. Kern dieses Pressezentrums ist der abhörsichere Konferenzraum in Gestalt einer Kugel. Die Redoutensäle und das Dachfoyer mit den Presseräumen sind bei Veranstaltungen zu besichtigen.

1010 Wien, Josefsplatz (Autobus 1 und 2)

23. Kaunitzpalais und Ratzenstadl:

Das Viertel um den Esterházypark

Weder Kaunitzpalais noch Ratzenstadl haben die Jahrtausendwende überstanden. Beide wurden im 20. Jahrhundert „reguliert", das heißt in diesem Fall beseitigt und abgerissen. Doch sie haben Spuren hinterlassen – Straßen- und Viertelbezeichnungen erinnern noch heute daran. Das nach Wenzel Anton Dominik Fürst Kaunitz bezeichnete Palais in der Amerlingstraße 6 erwarb der geniale Staatsmann und im Alter kauzige und hypochondrische Fürst im Jahr 1754 von der Familie Albrechtsburg. Kaunitz ließ auf dem großen Grundbesitz ein Sommerhaus, das möglicherweise von Johann Bernhard Fischer von Erlach geplant worden war, umbauen und erweitern und einen schönen Park anlegen. In diesem Palais verbrachte er nach seinem Rückzug aus der Politik im Jahr 1792 seine letzten Lebensjahre. Seine Erben verkauften das Gebäude, die wertvolle Gemäldesammlung brachten sie zunächst in einem Stadtpalais in der Dorotheergasse unter. 1820 bzw. 1829 wurde die kostbare Sammlung, die seinerzeit Papst Pius VI. anlässlich seines Wienbesuches 1782 bewundert hatte, versteigert.

Modellausschnitt der Häuser im Ratzenstadl

1809 diente das Palais dem französischen Besatzungsgouverneur als Wohnsitz, dann erwarb Fürst Nikolaus II. Esterházy den Besitz – daher rührt der heutige Name der Parkanlage. 1868 ging der Park in das Eigentum der Gemeinde Wien über, die ihn für die Öffentlichkeit zugänglich machte. In das Kaunitzpalais zog später eine Schule ein, doch 1971 musste das alte Gebäude einem modernen Zweckbau für den schulischen Bedarf weichen. Den Aufgang zum Park schmücken vier Statuen, die vom 1896 demolierten Lazanskyhaus am Stephansplatz stammen. Der Park selbst ist durch den aus der NS-Zeit stammenden Flakturm verschandelt, in dem derzeit auf mehreren Stockwerken ein Meeresaquarium und ein Terrarium untergebracht sind.

Die heutige Kaunitzgasse führte einst entlang des so genannten Ratzenstadls zum Wienfluss hinunter. Richtigerweise hieß diese Vorstadt damals Magdalenagrund. Sie zeichnete sich durch besonders enge und verwinkelte Gassen aus, und auch die Grundstücke, reine Spekulationsobjekte, waren ganz schmal. Schon Ende des 19. Jahrhunderts ging die Gemeinde daran, dieses Viertel zu sanieren, im 20. Jahrhundert war die „Regulierung" des ganzen Areals dann abgeschlossen. Nur einige wenige Häuser blieben bestehen. Sie sind daran zu erkennen, dass sie sich nicht in die vorgegebene Baufluchtlinie fügen.

1060 Wien, Kaunitzgasse, Magdalenenstraße (Autobus 13A, 14A und 57A)

24. Das „Rosenkavalier"-Palais als Widerstandszentrum:

Das Palais Auersperg

In den Frühlingstagen des Jahres 1945, als Wien von den Russen erobert wurde, diente das Palais Auersperg als Quartier der Österreichischen Widerstandsbewegung. Am 3. April 1945 – die Nationalsozialisten hatten die Stadt noch in ihrer Gewalt – trafen sich hier jene Männer der zivilen Widerstandsbewegung, die der Verfolgung und Verhaftung entgangen waren. Man einigte sich mit dem militärischen Widerstand, vertreten durch Major Carl Szokoll, der sich aus der Katastrophe des 20. Juli 1944 heraushalten hatte können, dahingehend, dass mit den heranrückenden sowjetischen Truppen Kontakt aufgenommen werden sollte. Am 9. April kam es im Palais Auersperg zwischen dem „Siebenerkomitee" des Widerstandes und den Sowjets zu ersten Verhandlungen. Letztere hatten aber schon Kontakt zum ehemaligen Staatskanzler Karl Renner aufgenommen und diesen als Regierungschef für eine Übergangsregierung bestimmt.

Zwei Tage später wurde über die zukünftige Verwaltung Wiens verhandelt. Seitens der Widerstandsbewegung wurde der ehemalige sozialdemokratische Gemeinderat Anton Weber zum neuen Bürgermeister designiert, vor allem, um einen kommunistischen Bürgermeister zu verhindern. Der Kommunist Rudolf Prikryl, der sich gleichsam selbst als Bürgermeister installiert hatte, sollte – gemeinsam mit einem ehemaligen Christlichsozialen – nur Vizebürgermeister werden. Die Einsetzung Webers wurde von dem sozialdemokratischen Anwalt und ehemaligen Parlamentsbeamten Adolf Schärf, der inzwischen als inoffizieller Parteichef fungierte, verhindert. Er nominierte den ehemals kaiserlichen Offizier und pensionierten General des Bundesheeres, Theodor Körner, als

neuen Wiener Bürgermeister, ein Vorschlag, der die Zustimmung der Sowjets fand. Am 17. April wurde Körner als provisorischer Bürgermeister eingesetzt. Damit wurden im Grunde alle Vorstellungen und Ziele der Widerstandsbewegung unterlaufen. Nur wenige Vertreter traten kurzfristig in politische Ämter ein, wie Raoul Bumballa als Unterstaatssekretär im Innenministerium bis Dezember 1945. Anschließend wurden alle politischen Funktionen wieder von Parteifunktionären übernommen, die schon vor 1938 tätig gewesen waren.

Als ebenso wechselvoll kann man die Geschichte des Palais Auersperg bezeichnen: 1706 bis 1710 möglicherweise von Lucas von Hildebrandt für den Reichsgrafen Weltz erbaut, ging das Stadtpalais später in den Besitz der Familie Rofrano über, schließlich erwarb 1777 die Familie Auersperg das Palais. Mitte der fünfziger Jahre des 20. Jahrhunderts wurde das Gebäude umgebaut und wird derzeit vorwiegend als Veranstaltungszentrum genutzt. Auch die Musik spielte stets eine große Rolle in der Geschichte des Hauses. In der Oper „Rosenkavalier" von Richard Strauss trägt der dem Stück den Namen gebende jugendliche Brautwerber den Namen der Grafen Rofrano. Schon in der zweiten Hälfte des 18. Jahrhunderts fanden im Palais Hauskonzerte unter der Leitung von Christoph Willibald Gluck statt, und 1786 kam es zu einer Privataufführung mit Laiendarstellern aus der Wiener Gesellschaft von Mozarts Oper „Idomeneo". 1923 bis 1935 war das Bundesdenkmalamt im Palais untergebracht. Nach der Widerstandsbewegung zog die Interalliierte Militärpolizei bis zum Jahr 1955 ein, seit 1989 wechselte das Haus mehrmals seinen Besitzer.

1080 Wien, Auerspergstraße (U2)

25. Klassizistisches Palais mit skandalträchtigen Portalfiguren:

Palais Fries-Pallavicini

Im 16. Jahrhundert stand hier das Majoratshaus der Grafen Salm, legendär Niklas Graf Salm, Kommandant der Verteidiger Wiens bei der Ersten Türkenbelagerung 1529. Mitte des 16. Jahrhunderts ging das Haus in habsburgischen Besitz über. Erzherzogin Elisabeth, Witwe nach dem französischen König Karl IX., übergab die Liegenschaft den Clarissinen, die das Kloster „Maria, Königin der Engel" gründeten. Nach Aufhebung des Klosters unter Kaiser Joseph II. erwarb der 1783 zum Reichsgraf geadelte Johann Fries, ein aus der Schweiz stammender Industrieller den Baugrund und ließ 1783/84 von Johann Ferdinand Hetzendorf von Hohenberg ein prächtiges Palais errichten. Die erst nach Fertigstellung 1786 hinzugefügten weiblichen Karyatidenfiguren verursachten einen bemerkenswerten Skandal, waren sie doch ziemlich leicht bekleidet.

In der zweiten Generation ließ Moriz Fries das Palais prachtvoll ausgestalten. Es beherbergte seine reiche Kunstsammlung, die vor allem aus Gemälden und angeblich etwa 100.000 Blatt Graphik bestand. Fries soll auch eine Bibliothek von 16.000 Büchern besessen haben.

Er war ein erfolgreicher Unternehmer, der sein Vermögen bis in die zwanziger Jahre des 19. Jahrhunderts bewahrte. Noch 1822 stellte er den Antrag, den Wiener Neustädter Kanal pachten zu dürfen. Er schlug gleichzeitig vor, diesen bis Ödenburg (Sopron) einerseits und Triest andererseits zu erweitern. Die Erweiterung wurde ihm nicht bewilligt, da er noch keine konkreten Pläne vorlegen konnte. Leider verlor der weitsichtige Unternehmer in den nächsten Jahren sein Vermögen, das Prachtpalais wurde nach seinem Konkurs 1826 vom Wiener Bankier Georg Simon von Sina erworben. Moriz Graf Fries beging noch im selben Jahr total verarmt in Paris Selbstmord. 1842 verkaufte Sina an die Familie Pallavicini, in deren Besitz sich das Haus noch immer befindet. 1919 eröffnete der ehemalige kaiserliche Offizier Rittmeister Willy Elmayer-Vestenbrugg im Pferdestall eine Tanzschule, in der auch gutes Benehmen gelehrt wurde. Noch heute ist das Institut für junge Leute aus der Wiener Gesellschaft die beste Adresse in der Stadt, um formvollendet den Wiener Walzer zu erlernen. Nach dem Zweiten Weltkrieg zog in die Beletage der Wiener Rennverein, ein exklusiver Klub mit Restaurantbetrieb ein. Er setzt gewissermaßen die Tradition des Wiener Jockey-Clubs fort.

1010 Wien, Josefsplatz 5 (Autobus 1)

26. Fürstliches Mäzenatentum:

Eroicasaal des Palais Lobkowitz

1804 erklang im Palais seines Förderes und Mäzens Joseph Franz Maximilian Fürst Lobkowitz erstmals im privaten Rahmen Ludwig van Beethovens 3. Symphonie, genannt „Eroica" (die Heroische). Wahrscheinlich war das im Ballsaal des Hauses, dessen Deckenfresko eine Allegorie der Künste zeigt. Wieviele Musiker das Werk damals zur Aufführung brachten, ist nicht überliefert. Anzunehmen ist eher ein kleineres Ensemble.

Fürst Lobkowitz selbst war Musiker, er hatte Violine und Komposition studiert. Große Summen seiner Einkünfte widmete er der Förderung von Musik und Theateraufführungen. Ab 1808 garantierte Lobkowitz gemeinsam mit anderen Mäzenen ein regelmäßiges Einkommen für den Meister, um ihn in Wien zu halten. Beethoven widmete diesem Gönner nicht nur seine dritte Symphonie, sondern auch die Streichquartette op. 18 und 74, das Tripelkonzert op. 56 und den Liederzyklus „An die ferne Geliebte". Leider war Lobkowitz kein großer Finanzjongleur, 1813 war er zahlungsunfähig.

Ursprünglich widmete Beethoven, selbst ein glühender Anhänger der Demokratie, die 3. Symphonie dem französischen General Bonaparte, der entscheidend zum Sturz der Monarchie in Frankreich beigetragen hatte. Doch als sich Napoleon selbst krönte, löschte Beethoven diese Widmung, wie man aus der Originalpartitur – sie ist im Archiv der Gesellschaft der Musikfreunde aufbewahrt – ersehen kann.

Die erste öffentliche Aufführung des Werkes fand am 7. April 1805 im Theater an der Wien statt. Die Kühnheit des Werkes verwirrte die

Kritik und irritierte die Zeitgenossen. Zu monumental, zu heroisch, sehr theatralisch und vor allem programmatisch war diese Symphonie. Erstmals verwirklichte der Meister in dieser Komposition die heute als klassisch angesehene Symphonieform, viersätzig mit einer ziemlich normierten Abfolge der Tempi. Vor allem die ungewöhnliche Länge des ersten Satzes, zusätzlich eine bis dahin ungehört lange Coda – alles Elemente, die die Zuhörer nicht so recht einordnen konnten. Einer der Kritiker schrieb von einer „… kühnen und wilden Phantasie…". Es dauerte zwei Jahrzehnte, bis das Werk endgültig die Konzertsäle eroberte. Und dann waren es vor allem die heroischen, heldischen Partien, die die Zuhörer begeisterten.

Das Haus, in dem Beethovens 3. Symphonie aus der Taufe gehoben wurde, befand sich erst seit 1745 im Besitz der Familie Lobkowitz. Erbaut wurde es für Sigmund Graf Dietrichstein, der den damals sehr beliebten Architekten Giovanni Pietro Tencala mit der Errichtung eines Stadtpalais beauftragt hatte. 1710 legte Johann Bernhard Fischer von Erlach bei der Umgestaltung des Hauses Hand an. In der zweiten Hälfte des 19. Jahrhunderts wurde das Haus an den französischen Staat als Botschaftsgebäude vermietet, von 1919 bis 1938 diente es der Tschechoslowakischen Republik als noble Residenz. Seltsam mutet die Nutzung während der NS-Zeit als „Haus der Mode" an. Von 1947–1979 war im Palais Lobkowitz das französische Kulturinstitut untergebracht. Nach dem Verkauf des Palais an die Republik Österreich im Jahr 1979 fand ab 1991 das Theatermuseum, das bis dahin eine eher bescheidene Existenz gefristet hatte, in den Räumen des gründlich renovierten Palais einen endgültigen Ort.

1010 Wien,
Lobkowitzplatz 2
(Autobus 2)

27. Die Türkenbelagerungen als Trauma der Stadtgeschichte:

Erinnerungen an den Feind

Die beiden Türkenbelagerungen von 1529 und 1683 haben sich wie ein Albtraum über die Stadtgeschichte gelegt. Immer wieder wurden sie für spätere Gegenwarten als heldenhafte Abwehrschlachten instrumentalisiert, Denkmäler wurden errichtet und teils sagenhafte Geschichten und Anekdoten um die Ereignisse gesponnen.

In der Tat, beide Belagerungen bildeten ernsthafte Bedrohungen für die Stadt, die jeweils erst fast in letzter Minute abgewendet werden konnten. 1529 war das Osmanische Reich eine expandierende Macht, die ihre Grenzen auslotete, 1683 waren es eher Finanznöte und innenpolitische Spannungen, die die Osmanen in den Krieg ziehen ließen. Auch das europäische Mächtekalkül spielte keine geringe Rolle. Vor allem die Belagerung von 1683 war für Wien mit großen Verlusten verbunden, an die sich allerdings in den nächsten Jahren eine Reihe von Siegen knüpfte.

Danach mutierte in der Erinnerung der Stadtbewohner der übermächtige Feind von ehedem bald zum schmückenden Fassadendekor. Etliche Denkmäler erinnern an die angeblichen Heldentaten der Verteidiger, wie etwa der kleine, in der Höhe des ersten Stockes angebrachte Säbel schwingende Türke am Haus Heidenschuss Nr. 1. Er stammt allerdings aus der Mitte des 19. Jahrhunderts und bezieht sich auf eine ältere Hausbezeichnung, die mit den Belagerungen nichts zu tun hatte.

In den Jahrhunderten nach der Türkengefahr wurden immer wieder im Zuge von Grabungsarbeiten für Neubauten einzelne Türkenkugeln und andere Erinnerungsstücke gefunden. Die Kugeln wurden manchmal in die Hausfassaden eingemauert oder eingegliedert, wie z.B. an der Linken Wienzeile. Doch diese originale Türkenkugel fand einen heimlichen Bewunderer – sie wurde einmal nächtens gestohlen. Lange erinnerten nur mehr die Aussparung an der Hausmauer und eine Gedenktafel an sie. Im Jahre 2008, zur Fußball-Europameisterschaft, wurde die Türkenkugel durch einen Fußball ersetzt.

In den achtziger Jahren des 20. Jahrhunderts wurde bei der Restaurierung eines barocken Wohnhauses in Ober St. Veit ebenfalls eine Türkenkugel gefunden. Sie ziert heute das Vorzimmer des ausführenden Bauunternehmers.

Eine Erinnerung an die Zweite Türkenbelagerung stellt das Liebenberg-Denkmal dar, das die Wiener Bürgerschaft für Johann Andreas von Liebenberg, den Bürgermeister des Jahres 1683, in Auftrag gab. Das wuchtige Monument wurde am Jahrestag des Entsatzes, am 12. September 1890, enthüllt. Wäre Liebenberg allerdings nicht während der Belagerung gestorben, wäre sein Nachleben nicht so positiv bewertet worden; denn ihm drohte ein Verfahren wegen Korruption, das durch seinen Tod hinfällig wurde.

Der Hernalser „Türkenritt", ein Denkmal zur Erinnerung an einen alten Vorstadtbrauch, hat allerdings nichts mit den Türken zu tun, sondern geht auf die Zeit der Auseinandersetzungen mit den Protestanten zurück. Denn ursprünglich war dies ein Eselsritt, und der Esel galt als das Spotttier der Lutheraner.

1010 Wien, Heidenschuss 1 und Universitätsring vis-à-vis der Universität; (U2 Schottentor, Autobus 1); 1060 Wien, Linke Wienzeile 172 / Morizgasse 2 (U4 Margaretengürtel)

IV. Im Dunstkreis von Schönbrunn

28. Massenverkehrsmittel für den Kaiser:

Der Hofpavillon in Hietzing

Nach der Eingemeindung der Vororte in den Jahren 1890/92 wurde die verkehrstechnische Aufschließung für diese Gebiete nicht nur hinsichtlich der radialen, sondern auch der tangentialen Verkehrsströme notwendig. Mit der gesamten Planung der neuen Stadtbahn wurde 1894/95 der Architekt Otto Wagner betraut. Die Hauptlinien verliefen entlang des Wienflusses, des Donaukanals und des Gürtels. Zusätzlich wurde noch an der so genannten Vorortelinie gebaut, die in etwa parallel zum Gürtel verläuft. Alle Streckenabschnitte waren innerhalb weniger Jahre fertig gestellt – ohne den heute üblichen Einsatz von riesigen Baumaschinen, sondern nur mit Menschenkraft.

Otto Wagner schuf ein einmaliges Gesamtkonzept für die Gestaltung der einzelnen Stationen, für die Straßen überspannenden Brücken, ja sogar für jedes Brückengeländer. Ornamentik und Schriftgestaltung

der Stationsnamen, jedes einzelne Detail trug die Handschrift des Meisterarchitekten.

Wie immer bei baulichen Großprojekten in Wien wurde auch bei der Stadtbahn auf die angeblich speziellen Bedürfnisse der kaiserlichen Familie eingegangen, das heißt Otto Wagner erbaute ein separates Stationsgebäude nahe Schönbrunn, das den Mitgliedern des Kaiserhauses vorbehalten sein sollte. Dieser so genannte Hofpavillon nahe der heutigen U-Bahnstation Kennedybrücke weist natürlich alle Bequemlichkeiten auf, die kaiserliche Benützer von einer solchen Station erwarten dürfen: Es gibt zum Beispiel einen sehr geräumigen Wartesalon, der mit noblen Dekorationen des Jugendstilkünstlers Joseph Maria Olbrich ausgestattet ist, oder ein Arbeitskabinett für den Kaiser. Die Räume sind mit Seidentapeten bespannt, die Möbel zur kaiserlichen Bequemlichkeit aus Mahagoniholz. Tatsächlich wurde der Pavillon nur zweimal vom Kaiser – seinem ursprünglichen Zweck entsprechend – verwendet, nämlich als die Strecke Wientallinie und die Strecke Donaukanallinie der Stadtbahn eröffnet wurde. Kein einziges Mitglied der kaiserlichen Familie stieg ein anderes Mal in einen Zug der Stadtbahn ein. Erstens wurde der Kontakt zu den Leuten von der Straße vermieden, eine große Rolle spielte aber auch die schon sprichwörtliche Technikfeindlichkeit – vor allem des Kaisers.

Da dieser wunderschöne Pavillon ohne eigentliche Zweckbestimmung über Jahrzehnte leer stand, nutzte man ihn schließlich in der zweiten Hälfte des 20. Jahrhunderts teils als Ausstellungsort. Das hervorragend renovierte, wenig bekannte Jugendstil-Juwel ist heute Außenstelle des Historischen Museums der Stadt Wien. Mittlerweile kann der Pavillon für kleinere, noble Hochzeiten gebucht werden.

1130 Wien, nahe Kennedybrücke (U4, Straßenbahn 10, 58 und 60)

29. Barockes Schlösschen für die Post:

Kaiserstöckl in Hietzing

Nicht überall residiert die Österreichische Post in einem kleinen Barockschlösschen, aber in Hietzing, nahe der Sommerresidenz des Kaisers, erscheint dies durchaus angebracht. Erbaut wurde das so genannte Kaiserstöckl aber nicht für das ärarische Postwesen, sondern als Wohnhaus. Ausführender Architekt war vermutlich Nicolaus Pacassi, der auch den großen Umbau des Schlosses Schönbrunn leitete. Die gesamte Innenkonzeption der Räume ist zum Park hin ausgerichtet. Von der Inneneinrichtung ist nichts mehr erhalten.

Vor der Zweiten Türkenbelagerung befand sich an dieser Stelle eine Schleifmühle, die selbstverständlich bei den Kampfhandlungen 1683 zerstört wurde. 1751 erwarb Maria Theresia das Grundstück, das damals noch außerhalb des Schlossparks lag. Sie ließ darauf ein Wohngebäude für ihren Leibarzt Gerhard van Swieten errichten, dem das Kaiserpaar zu größtem Dank verpflichtet war. Heißt es doch, dass dank seiner praktischen sexualkundlichen Ratschläge sich endlich beim allerhöchsten Paar Nachwuchs einstellte. Van Swieten beriet den Kaiser Franz Stephan auch in zahlreichen naturwissenschaftlichen Fragen, daher seine Niederlassung in unmittelbarer Nähe der kaiserlichen Sommerresidenz.

Nach dem Tod Van Swietens 1772 bewohnte Staatskanzler Wenzel Anton Graf, später Fürst Kaunitz das Palais. Er begründete eine Tradition, die sich ungebrochen bis zum Ausgleich 1867 fortsetzte. Jeder k. k. Minister des Äußern nahm während der Sommermonate, wenn sich der Hof in Schönbrunn aufhielt, im Stöckl Quartier. Sogar Staatskanzler Clemens Wenzel Lothar Metternich, der auf dem Rennweg ein eigenes Sommerpalais besaß, residierte im Stöckl.

1866, nach der Niederlage gegen Preußen, fand Georg V., König von Hannover, vorübergehend hier einen Exilwohnsitz. Pikanterweise wohnte auch Otto Fürst Bismarck, der Baumeister von Preußens Aufstieg, 1873 im Kaiserstöckl.

Nach dem Ersten Weltkrieg richtete Carl Witzmann im linken Seitentrakt ein elegantes Kaffeehaus und Restaurant ein, das aber nur bis 1928 bestand. Seit 1929 werden im Erdgeschoß Briefe abgestempelt und Pakete übernommen.

*1130 Wien, Hietzinger Hauptstraße 1a
(U4, Straßenbahn 10, 58 und 60)*

V. Bauboom der Gründerzeit

30. Leider keine geschmuggelten Zigarren:
Der Austriabrunnen auf der Freyung

Als in den achtziger Jahren des 20. Jahrhunderts aus Anlass der U-Bahn-Bauarbeiten der Austriabrunnen entfernt und gründlich restauriert wurde, konnte eine Legende der Jahrhundertwende widerlegt werden. Der Austriabrunnen war von den Wiener Bürgern 1844 als Geschenk für Kaiser Ferdinand und zum Dank für die neue Wiener Wasserleitung beim bayerischen Bildhauer Ludwig Michael Schwanthaler, letzter Spross einer bedeutenden Bildhauerdynastie, in Auftrag gegeben worden. Nach einer langwierigen Korrespondenz mit dem Wiener Bürgermeister Ignaz Czapka war schließlich 1846 Schwanthalers Entwurf angenommen worden.
Der Bildhauer schuf eine krönende Brunnenfigur, die Austria, darunter um eine Säule angeordnet vier allegorische Figuren für die Flüsse Donau, Po, Elbe und Weichsel. Jeder dieser Flüsse mündet in ein anderes Meer, und jeder steht für eine große Volksgruppe der Monarchie, die Donau für die Magyaren, die Elbe für die Deutschen, der Po für die Italiener und die Weichsel für die Slawen. Der Auftrag für den Guß der bronzenen Brunnenfiguren erging an den Münchner Ferdinand Miller.
In Wien empfand man es als Provokation, dass ein so großer Auftrag ins „Ausland" vergeben wurde, denn die wirtschaftliche Lage in der Stadt war keineswegs rosig. Doch die Wiener Künstler galten dem Auftraggeber als zu konservativ. Schwanthaler wusste dies und versuchte, der schlechten Stimmung durch eine Informationskampagne zu begegnen. Er ließ sogar die Höhe seines Honorars, das wahrlich äußerst gering war, veröffentlichen. Trotzdem erfolgte die Aufstellung der Figuren quasi in einer Nacht- und Nebelaktion, nachdem die fertig gegossenen Statuen auf dem Landweg in Wien eingetroffen waren. Als patriotischer Eröffnungstermin wurde der 17. Oktober 1846, der Vortag des Jubiläumstages zur Schlacht von Leipzig 1813, gewählt. Die Eröffnung selbst ging ohne großen Pomp vonstatten, was später Anlass zu seltsamen Vermutungen und Legendenbildungen wurde. Es ging das Gerücht, dass

in den Armen der Austria Zigarren geschmuggelt wurden. Wegen der Eile der Aufstellung konnten sie jedoch nicht geborgen werden und blieben deshalb in der Statue. Bei der Restaurierung wurde diese unlogische Legende – denn die Statuen wurden als Ganzes nach Wien gebracht – endgültig widerlegt.

Angeblich soll Johann Wolfgang Goethes Enkelin Alma (*1827) für die Austria Modell gestanden sein, doch da sie schon 1844 verstarb, war dies wohl kaum möglich. Bei der Figur der Austria handelt es sich eher um eine sehr stilisierte, kaum individualisierte Frauengestalt.

1010 Wien, Freyung
(Autobus 1, U 3)

31. Ein Selbstmord mit Folgen:

Hotel Klomser in der Herrengasse

Im Jahre 1913 erlangte das wenig bekannte Hotel Klomser traurige Berühmtheit: Am 25. Mai erschoss sich hier Oberst Alfred Redl, ehemals Angehöriger des „Evidenzbüros" des Generalstabes der k.u.k. Armee (Spionage und Spionageabwehr) und 1913 Korps-Generalstabschef in Prag. Offiziell sah es nach einem unverständlichen Selbstmord aus; inoffiziell war Redl die Chance zum Freitod gegeben worden, nachdem er als Spion für das russische Zarenreich enttarnt worden war. Entdeckt wurde seine Spionagetätigkeit durch einen dubiosen Postlagerbrief, der zum Hotel Klomser zurückverfolgt werden konnte. Wahrscheinlich war Redl wegen seiner homosexuellen Neigungen schon jahrelang erpresst worden. Höchste Offiziere wollten die ganze Affäre unter den Teppich kehren, um auch eigene Fehlleistungen zu vertuschen. Bis heute umstritten ist der Umfang seiner Informationen und wie weit diese zu den Misserfolgen und Niederlagen der k.u.k. Armee im ersten Kriegsjahr 1914 beigetragen haben.
Einem kuriosen Zufall ist es zu verdanken, dass diese Affäre bekannt wurde: Der Prager Journalist und später als „rasender Reporter" bekannt gewordene Egon Erwin Kisch ärgerte sich nach einem verlorenen Amateurfußballermatch, dass einer der Kicker unentschuldigt fernblieb. Als er nachfragte, erfuhr er, dass dieser, ein gelernter Schlosser, in Prag die Wohnung, sowie die Schränke eines Offiziers hatte aufbrechen müssen. Man habe nach Plänen und Unterlagen gesucht, aber der Offizier sei inzwischen bereits tot. Außerdem erzählte sein Fußballfreund, dass die Einrichtung der Wohnung merkwürdig weibisch gewirkt habe. Kisch, ein gewitzter Journalist, witterte sofort eine Story. Da er bereits den ehrenden Nachruf auf Redl in der Presse gelesen hatte, wusste er, um wen es sich handelte. So erschien am nächsten Tag im Prager Blatt „Bohemia" folgende Notiz, wobei man bewusst eine Beschlagnahme riskierte: „Von hervorragender Seite werden wir um Widerlegung der speziell in Offizierskreisen aufgetauchten Gerüchte ersucht, dass der Generalstabschef des Prager Korps, Oberst Redl, der bekanntlich vorgestern in Wien Selbstmord verübt hat, einen Verrat militärischer Geheimnisse begangen und für Russland Spionage

betrieben habe. Die nach Prag entsandte Kommission, bestehend aus einem Oberst und einem Major, die … die Dienstwohnung des Obersten Redl und die Schubfächer öffnen ließ, hatte nach Verfehlungen ganz anderer Art zu forschen …". Diese Meldung schlug ein wie eine Bombe. Allenthalben herrschte Empörung, Karl Kraus wetterte in der „Fackel". Seitens des Militärs versuchte man zu vertuschen und zu minimieren. Der Minister für Landesverteidigung Freiherr von Georgi musste sich einer parlamentarischen Anfrage stellen.

Kurzfristig geriet der Generalstabsoffizier, spätere Wiener Bürgermeister und österreichische Bundespräsident Theodor Körner im Rahmen dieser Affäre auch in Verdacht, da er Alfred Redl gekannt hatte. In Redls Wohnung waren Briefe an Körner gefunden worden, in denen Redl zugunsten seines Günstlings, eines jungen Offiziers, bei Körner – allerdings vergeblich – interveniert hatte.

Ehemals stand an der Stelle des Mitte des 19. Jahrhunderts errichteten Hotels Klomser das ehemalige Batthyánysche Palais, in dem angeblich die legendären Whistpartien Eleonore Batthyánys mit Prinz Eugen von Savoyen stattfanden. Nach dem Ersten Weltkrieg ging das Gebäude in den Besitz der Niederösterreichischen Brandschadensversicherung über.

1010 Wien,
Herrengasse 19,
Bankgasse 2 (U 3)

32. Fluchtturm eines Architekten:

Der Kornhäuselturm

*1010 Wien,
Seitenstettengasse 2,
Judengasse 14,
Fleischmarkt 1b
(Autobus 2 und U4)*

Josef Kornhäusels prachtvolles Biedermeierwohnhaus mit dem hochragenden Turmatelier aus den Jahren 1825 bis 1827 erinnert in seiner Bauart an alte italienische Geschlechtertürme, auch weil der Abfall des Grundstücks zum Donaukanal ziemlich steil ist. In Wien hat es diese für italienische Stadtstaaten typischen Wehrtürme nie gegeben. Der Turm selbst kommt ohne zierenden Schmuck aus, sogar seine Fenster sind nur schmale Schlitze, während das Wohnhaus durch sein reiches Dekor überrascht. Angeblich soll der Turm keinen Zugang über das Haus gehabt haben, sondern nur über eine eiserne Treppe erreichbar gewesen sein, die man aufziehen konnte. Die Gerüchte sprechen sogar von der eifersüchtigen Gattin des berühmten Architekten, vor deren Nachstellungen er sich in Sicherheit bringen wollte.

Kornhäusel hat durch seine zahlreichen Bauten das Gesicht des biedermeierischen Wien geprägt. Von herausragender Bedeutung ist sein Bau der Synagoge in der Seitenstettengasse, die als einziges jüdisches Bethaus in Wien den Pogrom der so genannten „Reichskristallnacht" des Jahres 1938 überstanden hat, weil sie in dicht verbautem Gebiet steht. Hätte man sie – wie die anderen jüdischen Gotteshäuser – in Brand gesetzt, wäre die halbe Innenstadt dem Feuer zum Opfer gefallen.

In den Jahren 1842 bis 1848 wohnte der Dichter Adalbert Stifter in Kornhäusels Biedermeierhaus. Berühmt ist seine Schilderung der totalen Sonnenfinsternis, die er am 7. Juli 1842 vom Dach dieses Hauses aus verfolgte. Stifter veröffentlichte die Beschreibung dieses Naturereignisses in seinen Skizzen „Aus dem alten Wien". Welch großen Eindruck dieses Schauspiel auf die Bewohner Wiens gemacht hat, beweisen auch die Werke der Maler Johann Christian Schoeller, Jakob und Rudolf Alt.

Heute befindet sich im Kornhäuselturm der Sitz des jüdischen Gemeindezentrums.

33. „Schatten spendend und Staub mildernd":
Die Allee um die Wiener Ringstrasse

Die Art und Weise der Bepflanzung der Wiener Ringstraße war ein wesentlicher Planungsbestandteil des neuen Straßenzugs, denn die Wiener wollten unbedingt wieder durch eine oder mehrere Alleen spazieren – sie waren es nämlich gewohnt, in den Alleen am Glacis oder auf den Basteien zu lustwandeln. Vor allem die nach dem Wiener Kongress angelegten Wege auf den Basteien boten, solange noch alle Befestigungen vorhanden waren, die Möglichkeit, in etwa einer Stunde die Stadt zu umrunden – was sogar in zeitgenössischen Reisebeschreibungen festgehalten wurde. Außerdem hatte man von den Basteien einen großartigen Blick auf die Stadt, vielmehr aber noch auf die malerischen Vororte, vor allem im Westen der Stadt. So liefen die Diskussionen um die Ringstraßenallee in gewohnt leidenschaftlicher Form. Jeder, Bürger, Experten, Laien, Politiker und Journalisten, alle hatten dazu eine dezidierte Meinung.

Wichtig erschien es allen, möglichst schnell eine Schatten spendende Allee zu haben. Das hieß, dass man relativ große Bäume pflanzen musste, was natürlich nicht immer klappte.

Die Auswahl der Baumsorten sollte natürlich typisch für die Donaustadt sein und auch was Wuchs und Belaubung der Bäume anbelangte, wurde mehr über ästhetische Aspekte denn über gärtnerische Realitäten diskutiert.

Im Bereich des Parkrings standen schon ältere Kastanien, aber die wurden z.B. vom Stadtgärtner Rudolf Siebeck abgelehnt, weil sie zu grob wären. Zeitungen schrieben über die Rosskastanie, dass sie „philisterhaft und plebejischen Charakters" wäre. Siebeck bevorzugte Linden, weil sie ästhetisch ansprechender wären. Insgesamt war er als Hortologe für eine vernünftige gemischte Bepflanzung, die auch einen jahreszeitlich doch unterschiedlichen Gesamteindruck vermittelt hätte. Doch letztlich konnten sich die Architekten und quasi ideologischen Gärtner durchsetzen, denn es wurden exotische Götterbäume (Ailanthus) und Platanen gesetzt. Beide sind empfindliche Baumsorten, die es kaum in entsprechender Größe gab. Auch musste des Öfteren mehrmals gepflanzt werden – denn den kleineren Bäumen setzt die im Winter kalte Witterung zu.

Als später die ganze Stadt mit Gaslaternen beleuchtet wurde, litten die Bäume durch das aus den Leitungen sickernde Gas. Aber erst die späteren Beeinträchtigungen durch den immer stärker werdenden Verkehr haben die Allee völlig verändert: Die sensiblen Götterbäume mussten durch Ahorne, Linden und Ulmen ersetzt werden.

1010 Wien, Ringstraße (Straßenbahn 2, 71 und D; Touristen-Tram)

34. Die Falschmeldung „Alles gerettet":
Ringtheater, Sühnhaus, Polizeidirektion

Das in den Jahren 1873 und 1874 von Emil Förster erbaute Ringtheater wurde am 8. Dezember 1881 Opfer der größten Brandkatastrophe der Wiener Theatergeschichte. Das Ringtheater, spezialisiert auf Oper und Operette, geriet vor der Vorstellung von „Hoffmanns Erzählungen" im Bühnenraum in Brand. Zunächst merkten die Zuschauer nicht, was los war. Erst als der brennende Vorhang explosionsartig in den Zuschauerraum schlug, brach Panik aus. Das Chaos wurde noch größer, als die Gasbeleuchtung im gesamten Theater ausfiel. In der Dunkelheit stolperten die Menschen über zu eng dimensionierte Treppen zu den Ausgängen, die sofort verstopft waren. Da zunächst eine Menge Menschen das Theater fluchtartig verließ, meldete Polizeirat Anton Landsteiner an Erzherzog Albrecht: „Alles gerettet". Tatsächlich waren bereits nach 20 Minuten fast 400 Menschen – die genaue Zahl konnte nie eruiert werden – durch Rauchgas erstickt oder an den Ausgängen und in den Treppen zu Tode getreten worden. 500 wurden gerettet, doch der tatsächliche Verlauf der Tragödie stellte sich erst beim Prozess heraus. Die Feuerwehr war erst elf Minuten nach Ausbruch des Brandes verständigt worden. Extreme Sicherheitsmängel – so gab es zu dieser Zeit noch keinen Eisernen Vorhang – und ein ahnungsloses, für derartige Vorfälle völlig ungeschultes Personal waren Auslöser dieser schrecklichen Katastrophe.

Verantworten mussten sich Bürgermeister Dr. Julius Newald, Anton Landsteiner, Theaterdirektor Franz Jauner und fünf weitere Personen. Newald wurde freigesprochen, doch er trat daraufhin zurück. Die tragische Geschichte des Brandes hat Helmut Qualtinger in seinem Stück „Alles gerettet" dramatisiert.

Positive Folge des Brandes war die Verordnung, dass in allen Theatern ein eiserner Vorhang eingebaut werden musste. Außerdem wurde von Hans Graf Wilczek und Jaromir Freiherr von Mundy die Freiwillige Wiener Rettungsgesellschaft gegründet, da sich die bestehenden Rettungsdienste als völlig unzureichend erwiesen hatten.

1010 Wien, Herrengasse 10 (Autobus 1 und 3)

Der Brand des Wr. Ring-Theaters am 8. 12. 1881

An der Stelle der Brandruine wurde von Friedrich Schmidt, dem Erbauer des Wiener Rathauses, aus Mitteln der kaiserlichen Schatulle ein „Sühnhaus" erbaut, in dem sich eine Kapelle befand. Das „Sühnhaus" war ein Zinshaus, dessen Erträge wohltätigen Zwecken zuflossen. Dieses wurde im Zweiten Weltkrieg so schwer getroffen, dass es nicht mehr aufgebaut werden konnte. Lange nach dem Krieg wurde der Bauplatz der Wiener Polizeidirektion zur Verfügung gestellt, die dringenden Raumbedarf hatte. Sie ließ 1969/1971 einen nicht sehr einfallsreichen, sondern eher konventionellen Bürobau an dieser doch exponierten Stelle der Wiener Ringstraße errichten. Architektonisch keine ingeniöse Lösung eines Bauauftrages.

1010 Wien, Schottenring 7–9 (Straßenbahn 1, D, U 1)

35. Ringstraßenbau auf der Mazzesinsel:

Börse für landwirtschaftliche Produkte

In der Gründerzeit spielte sich das Börsengeschäft in Kathedralen und griechischen Tempeln ab: Für Gott Mammon wurde der große Börsensaal der Getreidebörse als Basilika errichtet und mit mächtigen korinthischen Säulen und reichen Schmuckplastiken verziert. Für den kleinen Börsensaal mussten die bescheideneren dorischen Säulen langen. Architekt Karl König, dem Wien u.a. das Haus der Industrie, das Palais Herberstein am Michaelerplatz und die Villa Kuffner in Ottakring verdankt, stellte diesen Bau 1890 im Stil der französischen Renaissance fertig. 1913 kam es zu einer Erweiterung, bei der die sehr stimmungsvolle Passage in die Große Mohrengasse entstand.

Die Außenfassade wurde mit prunkvollen Plastiken von Theodor Friedl geschmückt. Allein, der Prunk hatte einen Pferdefuß, denn die Plastiken waren aus sehr weichem Leithakalkstein aus Loreto, der kaum der Witterung standhielt.

In der Monarchie wurden hier die Getreidepreise für ganz Europa bestimmt, sicherlich ein Zentrum machtvoller Agrarpolitik. Nach dem Ersten Weltkrieg dämmerte die „Produktenbörse", wie das Gebäude auch genannt wurde, vor sich hin. Es wurden nur mehr innerösterreichische Geschäfte getätigt, der Geschäftsgang war flau. Österreich konnte kaum sich selbst ernähren, geschweige denn im großen Stil Auslandshandel mit Agrarprodukten betreiben.

Während des Zweiten Weltkrieges wurde das Gebäude teils zerstört, teils amüsierten sich russische Soldaten mit Schießübungen auf die weichen Sandsteinfiguren. Geblieben ist ein verwüsteter Haufen von Skulpturentorsi.

Erst Ende der neunziger Jahre begann man mit der Sanierung, wobei sich erst jetzt das Problem des extrem weichen Sandsteins herausstellte. Es bedurfte komplizierter technischer Verfahren, um das Gesteinsmaterial zu festigen und zu konservieren.

Seit 1988 wird im leider unrestauriert gebliebenen Großen Börsesaal Theater gespielt: Unter dem Titel „Odeon" – anspielend auf ein ehemals sehr beliebtes Tanzlokal in der Leopoldstadt – produziert das Serapionstheater höchst poetische Inszenierungen, Opernaufführungen finden statt, und das Haus ist zu einem Zentrum des Tanztheaters geworden.

1020 Wien.
Taborstraße 10
(U1, Straßenbahn 2)

36. Stiere ja, aber keine Schaukämpfe:

Die Arena im Schlachthof St. Marx

Im Anschluss an die 1968 formulierten Ziele der studentischen und alternativen Jugendszene bildeten sich überall autonome Gruppen, die ihre eigenen Kunst- und Kulturpräsentationen durchführten. Diese in Wien als „Arena" bezeichneten Veranstaltungen erhielten erstmals 1970 während der Wiener Festwochen Gelegenheit, ihre progressiven Events einem größeren Publikum zu zeigen. Fanden die Darbietungen anfangs noch im Museum des 20. Jahrhunderts statt, übersiedelten sie 1975 in den nicht mehr benutzten Auslandsschlachthof von St. Marx. Doch es war von allem Anfang an klar, dass dies keine Dauerlösung sein konnte, denn der Schlachthof sollte abgesiedelt werden. Übrig blieben nur mehr die zwei signifikanten übergroßen Stierplastiken am Eingang in der Viehmarktstraße und das Areal der heutigen „Arena". Der einstige

Schlachthof und Wiener Zentralviehmarkt war 1846 errichtet worden, bis 1903 erfolgten mehrere Erweiterungsbauten; insgesamt konnten hier gleichzeitig bis zu 60.000 Stück Vieh untergebracht werden. Die Abschlussveranstaltung der Arena 1976 wurde gleichzeitig eine große Protestveranstaltung gegen die Schleifung des Auslandsschlachthofes, der damit der alternativen Szene verloren ging: Der Schlachthof wurde von Demonstranten, die eine dauernde Heimstätte für die alternative Szene forderten, besetzt, und zunächst konnte die Schleifung der alten Backsteinziegelbauten verhindert werden. Forderungen der rebellierenden Jugendlichen nach einer Dauerförderung durch die Gemeinde Wien wurden laut. Es folgte eine längere Verhandlungsphase, die Besetzer reichten Konzepte ein, die Kulturverwaltung der Stadt Wien unterbreitete Alternativvorschläge, doch eine Einigung kam in diesem „heißen Sommer" des Kulturkampfes nicht zustande. Schließlich wurde der Auslandsschlachthof – wie geplant – abgerissen. Die Aktivisten brachen eine neue Diskussion vom Zaun, um wenigstens den Inlandsschlachthof nutzen zu können – mit Erfolg: Seit 1977 steht dieses Areal der Arenabewegung als alternatives Veranstaltungszentrum zur Verfügung. Noch 1977 sagte Bundeskanzler Bruno Kreisky über die autonome Jugendszene und die Arena, sie seien ein „elementares Ereignis".

1995 wurde die erste Sanierungs- und Ausbauphase der Arena eingeleitet, 2004 wurde die zweite Bauphase abgeschlossen, das gesamte Projekt wurde von der Stadt Wien finanziert. Der Umbau erfolgte nach ausländischen Vorbildern wie etwa dem Centro Sociale Officina 99 in Neapel. Neben der Verbesserung der sanitären Anlagen wurden vor allem die Sicherheitsstandards den modernen Ansprüchen angepasst, und es wurden, auch im Interesse der Anrainer, Schallschutzmaßnahmen getroffen. Nunmehr stehen der alternativen Szene insgesamt etwa 7.600 Quadratmeter zur Verfügung – sowohl für Open-Air- als auch für Hallenveranstaltungen.

1030 Wien, St. Marx, Arena, Baumgasse/ Franzosengraben (U3)

37. Zur Niederhaltung der aufrührerischen Massen:

Das Arsenal

Nach den Revolutionsereignissen des Jahres 1848 wurden rund um die Stadt an strategisch wichtigen Plätzen Kasernen errichtet, um gegen einen befürchteten abermaligen Massenaufstand der Wiener Bevölkerung besser gewappnet zu sein. Die riesige Anlage des Arsenals mit seinen zahlreichen Einzelgebäuden wurde bis 1856 von August Sicard von Sicardsburg und Eduard van der Nüll erbaut, aber auch die späteren Stararchitekten der Ringstraßenära, Emil von Förster oder Karl Roesner, planten einzelne Objekte. Der zentrale Bau, von Theophil Hansen entworfen, wurde für das Heeresgeschichtliche Museum bestimmt.

Das quasi als „Gesellenstück" zur Wiener Ringstraße erbaute Arsenal diente bis 1918 vorwiegend als Waffenlager, zugleich wurden hier aber auch Geschütze gegossen und Munition für die kaiserliche Armee erzeugt. Überdies befand sich im Arsenal ab 1893 die „Militär Aeronautische Anstalt", in der die Grundlagen für das Luftfahrtwesen der k.u.k. Armee entwickelt wurden. Während des Ersten Weltkriegs wurde das Arsenal dem Bedarf entsprechend ausgebaut: In 18 verschiedenen Fabriken wurde für den Krieg produziert, fast 20.000 Menschen arbeiteten hier für die Rüstung. Zahlreiche von ihnen beteiligten sich am „Jännerstreik" des Jahres 1918, der fast das vorzeitige Ende der Monarchie herbeigeführt hätte.

In diesem Jahr stellten die Arsenalarbeiter eine Schutzwache für die Objekte und die Bestände des Arsenals auf, deren Kommandant der spätere Schutzbundfunktionär Major Alexander Eifler wurde. Mit der Gründung des Schutzbundes 1923 als paramilitärische Formation der

*1030 Wien,
Ghegastraße
(Straßenbahn 18
und D, Autobus 69A)*

Sozialdemokratischen Partei geriet das Arsenal völlig unter den Einfluss der Sozialdemokraten, den sie bis 1927 aufrechterhalten konnten.

Da es nach dem Ersten Weltkrieg in Österreich keine generelle Entwaffnung durch die Siegermächte gegeben hatte, blieben große Waffenbestände zum Teil in nichtmilitärischer Hand. So konnten sich über Jahre hinweg wilde Gerüchte über die gigantischen Waffenreserven (angeblich allein 600.000 Gewehre) halten, die in den geheimen Gängen des Arsenals gehortet würden. Tatsächlich kamen sie jedoch kaum zum Einsatz, sie wurden teils für die Aufrüstung der verschiedenen paramilitärischen Verbände verwendet, teils auch ins Ausland verschoben, etwa nach Ungarn zu den Einheiten Béla Kuns oder an die Hórthy-Armee.

1927 wurden in der Ära des christlichsozialen Heeresministers Carl Vaugoin 20.000 Gewehre entdeckt. Ob das alle Waffen waren, bleibt dahingestellt. Während des Bürgerkriegs im Jahr 1934 wurden seitens des Republikanischen Schutzbundes kaum Waffenverstecke aktiviert, wahrscheinlich war das Wissen darüber verloren gegangen. Vielleicht aber hat es die Waffen auch nie gegeben oder sie liegen noch immer irgendwo – als verrostete Relikte einer vergangenen Zeit.

Im Zweiten Weltkrieg diente das Arsenal als Rüstungsbetrieb für die deutsche Wehrmacht, und so war es ein bevorzugtes Ziel der feindlichen Bombenangriffe. Nach dem Krieg erfolgte der Wiederaufbau: Das Heeresgeschichtliche Museum wurde glanzvoll restauriert und gehört mittlerweile zu den „Schatzhäusern" österreichischer Geschichte. Einzelne Objekte des Arsenals wurden zu Wohnungen umgebaut, in manchen sind Forschungseinrichtungen untergebracht. Ende des 20. Jahrhunderts wurde Gustav Peichls Probebühne für die Bundestheater, die auf dem Areal schon länger ihre Werkstätten hatten, errichtet.

38. Eine Kathedrale für Kulissen:

Das „Semperdepot"

Die beiden Ringstraßenarchitekten Gottfried von Semper und Carl von Hasenauer, auch beim Bau des Burgtheaters federführend, erhielten vom Stadterweiterungsfonds den Auftrag, ein „k.k. Hoftheater-Depot" für Kulissen, vorwiegend für das Burgtheater, zu errichten. Der Baugrund außerhalb der Stadterweiterungszone war relativ günstig zu erwerben, und auf dem Areal stand bereits ein Holzschuppen, der für die Burgtheatermalerei verwendet wurde. Das später „Semperdepot" genannte Gebäude, 1874 bis 1877 erbaut, stand im 20. Jahrhundert fast 40 Jahre leer, da die Kulissen für Burg und Oper seit 1952 im Arsenal hergestellt und gelagert wurden. In seiner architektonischen Qualität erkannt und gewürdigt wurde es erst nach dem Zweiten Weltkrieg.

Der äußerlich bescheidene Backsteinbau besticht allerdings mit einem äußerst interessanten Grundriss, der durch eine schmale Eingangsfront, aber lange Seitenfassaden überrascht. Jahre lang wurde um eine Nutzung dieser außergewöhnlichen Raumformation gerungen, fast hätte die sprichwörtliche Spitzhacke gesiegt. Vor allem das Problem der Sanierung der gusseisernen Säulen, die im Hauptraum die umlaufen-

den Galerien tragen, war nur schwer zu lösen. Außerdem waren die Versorgung mit elektrischem Strom und vor allem der Brandschutz für das ganze Gebäude zu gewährleisten. Der Umbau und die etwa sieben Millionen Euro teure Generalsanierung erfolgten schließlich in den Jahren 1992 bis 1995 durch den Architekten Prof. Carl Pruscha. Seit damals hat sich das Semper-Depot zu einer In-Location entwickelt, die über eine sehr spezifische Aura verfügt. Vor allem die schmucklose, fast grazile Architektur begeistert.

Seit 1995 werden etliche Nebenräume als Unterrichtsräume und Ateliers der Akademie der bildenden Künste genutzt, für den Bereich der Medienkunst wurden eigene Labors eingerichtet. Durch die Größe der Räume kann mit Projekten im Maßstab 1:1 experimentiert werden. Einige Säle sind für Konferenzen und Tagungen adaptiert, der zentrale Mittelraum aber wird fast nur für Theater- und Opernaufführun-

gen genutzt. Das offene, mehrere Stockwerke hohe Oval dieses Raumes erlaubt einen variantenreichen Einsatz als Bühnenraum, die Bestuhlung und die Kulissen können entsprechend der jeweiligen Inszenierung modifiziert werden. Im Rahmen des Sommerfestivals „Klangbogen" gelangten seit 1997 immer wieder interessante Opernwerke aus jüngster Zeit zur Aufführung, oft handelt es sich dabei um österreichische Erst- oder Uraufführungen. So wurde hier Gerhard Schedls „Julie & Jean" uraufgeführt, die österreichische Erstaufführung von John Caskens „God´s Liar" fand 2004 statt. Aber auch wieder entdeckte Barockopern wie Leonardo Vincis „L`Artaserse" (das Libretto stammt von Pietro Metastasio!) oder das von der Musikwerkstatt Wien im Archiv der Österreichischen Nationalbibliothek aufgefundene Werk „Don Chiscotte in Sierra Morena" von Francesco Conti begeisterten in qualitätsvollen Aufführungen das Publikum.

1060 Wien,
Lehárgasse 6-8
(U4 und Autobus 57A)

39. Ein orientalisches Gebäude im Cottageviertel:
Die Zacherlfabrik

Mitten im Döblinger Cottageviertel, in der Nachbarschaft von prachtvollen Jugendstilvillen, erhebt sich ein fremd wirkender Bau, der so gar nicht in das Ensemble hineinpasst: die Zacherlfabrik. Äußerst bemerkenswert ist die den Trakt zur Nusswaldgasse überragende Kuppel mit ihren farblich fein nuancierten Glaskeramikschindeln. Der Eingang wird von zwei minarettartigen Türmchen überhöht. Auch rund um die Fenster dominiert orientalische Ornamentik in Glaskeramik.

Auf dem ausgedehnten Areal wurde im 19. Jahrhundert etwas gänzlich Profanes produziert: das Insektenschutzmittel „Zacherlin" erfreute sich in der gesamten österreichisch-ungarischen Monarchie größter Beliebtheit, nicht zuletzt wegen des wohlfeilen Preises. Der Produzent dieses nützlichen Pulvers, Johann Zacherl, bezog den Grundstoff für sein Insektenschutzmittel aus dem mittleren Orient, aus dem Kaukasusgebiet, wo die Pflanze Pyrethrum wächst. Herr Zacherl ließ die getrockneten Pflanzen pulverisieren, in Schafledersäcke einnähen und nach Österreich importieren. Des Öfteren auf Reisen im Orient, scheint sich Herr Zacherl in den ortsüblichen Baustil mit seinen

prachtvollen Keramikziegeln verliebt zu haben, denn als seine Fabrik in Wien neu gebaut werden musste, beauftragte er den Architekten Karl Mayreder, ihm ein Gebäude im morgenländischen Stil zu errichten. Der Entwurf dazu stammte von Hugo Wiedenfeld. Möglich ist, dass auch die orientalischen Gebäude der Wiener Weltausstellung von 1873 diesen Entschluss Zacherls beeinflussten. Jedenfalls ist seine Fabrik das einzige Gebäude der Ringstraßenära, das sich an Vorbildern aus der islamischen Kunst orientiert. Da die Geschäfte mit Zacherlin gut gingen, ließ man auch im Stadtzentrum auf der Brandstätte einen wirklich prachtvollen Firmensitz vom damals sehr geschätzten Jugendstilarchitekten Jože Plečnik errichten.

Die weitläufige Zacherlfabrik, erbaut zwischen 1888 und 1892, die sich von der Nusswaldgasse bis zur Hofzeile erstreckt, beherbergte im Vorderteil ein Bürogebäude, im hofseitigen Trakt wurde das berühmte Pulver hergestellt. Nach dem Ersten Weltkrieg und dem Ende der österreichisch-ungarischen Monarchie verlor die Zacherlfabrik ihr riesiges Absatzgebiet, das Unternehmen geriet in Schwierigkeiten. Zuletzt wurden die Produktionsstätten zu Lagerhallen für Teppiche umfunktioniert.

Im 21. Jahrhundert ließen die Eigentümer in der großen Produktionshalle die Zwischendecken entfernen, wobei die zeittypische Konstruktion mit gusseisernen Säulen schön zu Tage trat. Seit 2006 werden die Räumlichkeiten für Kunstpräsentationen, Musikabende und andere künstlerische Veranstaltungen genutzt, wobei der kunstsinnige Rektor der Wiener Jesuitenkirche, Pater Gustav Schörghofer, beratend zur Seite steht.

1190 Wien, Nusswaldgasse (Straßenbahn 37 und Autobus 39A)

VI. Prachtbauten der Wiener Ringstraße

40. Die „Spargelburg" als Nobelhotel
Das Palais Coburg

Das von den Wienern eher lieblos „Spargelburg" genannte Palais der Familie Sachsen-Coburg-Gotha wurde 1842 bis 1847 in einer Phase der wirtschaftlichen Stagnation nach einem Entwurf von Karl Schleps durch den Architekten und Stadtbaumeister Adolph Korompay errichtet. Genaue Pläne, um die Autorenschaft für die Fassadengliederung vor allem zur Ringseite hin zu klären, fehlen. Ursprünglich waren an dieser Stelle mehrere Soldatenhäuser gestanden, später das Stadtschultheißenamt und die Wohnung des jeweiligen Stadtkommandanten. Herzog Ferdinand war der Auftraggeber des Neubaus, vollendet wurde das Palais unter Herzog August, der es jedoch nicht bewohnte. 1861 wurde in diesem Haus Ferdinand I., von 1908 bis 1918 erster König von Bulgarien, geboren. Erst nach 1864 entstand die klassizistische Gartenfassade mit den charakteristischen Säulen. Der wunderbare Garten ruht auf der Kasemattendecke der alten Braunbastei.

Die letzte Besitzerin aus der Familie, Sarah Aurelia von Sachsen-Coburg-Gotha-Kohary konnte mit dem Prachtbau, der dringend sanierungsbedürftig war, nicht mehr viel anfangen und starb 1994.
Einem Verkauf standen anfangs jedoch große Hindernisse entgegen, da es eine Reihe von bestehenden Mietverträgen gab, noch dazu mit Großmietern wie den ÖBB (= Österreichische Bundesbahnen), die das Haus erst 1998 verließen. Doch schließlich fand sich ein Käufer, der das Palais gegen einen geringeren Barerlag und 400 weitere Monatsraten erwarb. Doch dieser Realitätenmakler, der anfangs große Pläne wälzte, ging 1992 in Konkurs. Wieder musste die Prinzessin einen Nachkäufer für die ausstehenden Monatstranchen suchen. Zwei Jahre später war noch immer kein Interessent für das auf etwa 22 Millionen Euro geschätzte Objekt in Sicht. Schließlich fand sich 1997 der deutsche Kunstsammler Peter Pühringer, dessen Stiftung das Palais für ein Luxushotelprojekt und einen Ausstellungsplatz für Pühringers Kunstsammlung erwarb. Er kaufte das Palais um kolportierte zehn Millionen Euro, von denen zwei Millionen an die Prinzessin bzw. ihre Erben als Pfandrechte gingen. 2003 wurde das hervorragend renovierte Palais als Luxushotel wieder eröffnet, die alten Kasematten in den Basteien wurden durch Glaskonstruktionen sogar von der Straße aus sichtbar gemacht. In die „Spargelburg", von der es einen durch ein Servitut geschützten unverbauten Blick zum Stadtpark und nach Süden über die Stadt gibt, ist wieder Leben eingezogen.

*1010 Wien,
Seilerstätte 1,
Coburgbastei 4
(Straßenbahn 2)*

41. Bank, Behörde, sowjetische Kommandantur, Parlament:

Die vielen Gesichter des Palais Epstein

Als 1998 der Wiener Stadtschulrat aus dem Palais Epstein in ein größeres Bürogebäude übersiedelte, entbrannte eine heftige Diskussion um die künftige Nutzung des Gebäudes. Die Bundesimmobiliengesellschaft als Eigentümer wollte das Palais für das Parlament nutzen, das schon aus allen Nähten platzte. Gleichzeitig deponierte der damalige Leiter des Jewish Welcome Service, Leon Zelman, die Idee, hier ein „Haus der Toleranz" entstehen zu lassen, das neben einem Ausstellungszentrum für Zeitgeschichte auch Institutionen wie die EU-Beob-

achtungsstelle gegen Rassismus und Fremdenfeindlichkeit und das Dokumentationsarchiv des österreichischen Widerstandes aufnehmen sollte. Seitens der Befürworter dieses Projekts wurde in erster Linie der historisch bedeutsame Charakter des Hauses ins Treffen geführt. Schließlich konnte sich jedoch das Parlament durchsetzen und erhielt das Haus zugesprochen. Mit Unterstützung des Bundesdenkmalamtes erfolgte eine sehr gründliche und behutsame Restaurierung, die zahlreiche Finessen des gründerzeitlichen Prunkbaus zu Tage brachte. Am Nationalfeiertag des Jahres 2005, am 26. Oktober, wurde das revitalisierte Haus eröffnet. Neben Räumlichkeiten für das Parlament (Sitzungsräume in den Sälen der Beletage und Arbeitsräume für die parlamentarischen Klubs) wurden im Erdgeschoß die Demokratiewerkstatt für Kinder und Jugendliche und eine Dauerausstel-

lung über die Geschichte des Hauses eingerichtet. Bei der Eröffnung war ein in Budapest lebender Nachfahre der Familie zugegen und konnte Erinnerungen seiner Großmutter zur Geschichte des Hauses beisteuern.

Das Grundstück an der Ringstraße dürfte sicherlich eines der teuersten der Gründerzeit gewesen sein. Der Bauherr, Gustav Ritter von Epstein, war einer der Millionäre der Ringstraßenära. Die Epsteins hatten zur Zeit der Napoleonischen Kriege das große Geld mit ihren Textilfabriken in Böhmen gemacht. Jedenfalls erbte Gustav Epstein, der sich allerdings allein auf das Bankgeschäft konzentrierte, bereits ein Vermögen in der Größenordnung von nach heutigem Wert etwa 100 Millionen Euro. Er – ein typischer Vertreter jener hoch gebildeten Zweiten Wiener Gesellschaft, kunstsinnig und karitativ, engagiert in allen wichtigen Aufsichtsräten und wohltätigen Komitees – beauftragte für den Bau seines Palais einen der kostspieligsten Architekten, nämlich Theophil Hansen, dessen Partner bei diesem Projekt kein Geringerer als Otto Wagner war. 1871 war der Prachtbau aus Rohziegeln und Terrakotta fertig gestellt, die Innenausstattung durch die Maler Eduard Bitterlich und Christian Griepenkerl abgeschlossen. Nur wenige Monate später geriet das Bankhaus Epstein im Trubel des Börsenkrachs von 1873 in Schwierigkeiten, Epstein konnte das Unternehmen gerade noch in Ehren schließen. Doch sein märchenhaftes Vermögen war verloren. 1877 musste die Familie Epstein das Palais verlassen und in eine bescheidenere Mietwohnung ziehen.

Neuer Mieter des Hauses wurde die britische „Imperial Continental Gas Association", danach zog bis 1922 der Verwaltungsgerichtshof ein, anschließend gehörte das Haus dem Wiener Stadtschulrat. Ab 1938 residierte hier das NS-Reichsbauamt. 1945 usurpierte die sowjetische Besatzungsmacht das Palais Epstein und errichtete hier die sowjetische Kommandantur – sicherlich die schrecklichste Zeit in der Geschichte des Hauses, denn hier fanden blutige Verhöre und Folterungen statt, manche verzweifelte Delinquenten suchten durch einen Sprung aus dem Fenster den Freitod. Nach dem Abzug der Sowjets wurde das Palais renoviert und abermals zog der Wiener Stadtschulrat ein.

1010 Wien,
Dr. Karl Renner-Ring 1
(Straßenbahnen
D, 1, 2, 46, 49,
Autobus 48A)

42. Wohnstätte eines Enfant terrible:
Das Palais Ludwig Viktor

Erzherzog Ludwig Viktor, der Bruder von Kaiser Franz Joseph, entsprach so gar nicht dem Comment der kaiserlichen Familie: kunstverständig, aber exzentrisch, verschwenderisch, den Männern anstatt den Frauen

Von links nach rechts: Palais Ludwig Viktor, Zinspalais Wiener-Welten, ehemalige Eisenbahndirektion

zugetan, schwächlich in seiner Konstitution, nicht besonders anziehend, aber scharfzüngig, ja geradezu bösartig. Seine Spitzname „Bubi" spricht Bände. Glücklicherweise mischte er sich nie in die Politik ein, und klugerweise lehnte er die Träumereien seines älteren Bruders Maximilian ab, der ihn als Thronfolger in Mexiko installieren und mit einer Erbin des brasilianischen Kaiserreiches verheiraten wollte. „Bubi" war immer wieder in Skandale verwickelt und stets Gegenstand des Hoftratsches. So meinte Fürstin Nora Fugger einmal, er habe eine Zunge „scharf wie die einer Giftschlange" und er führe „ein sehr weltliches Leben". Der Erzherzog machte sich nämlich in aller Öffentlichkeit an junge Männer heran, wobei er einmal sogar geohrfeigt wurde. Dieser Skandal ließ sich nicht mehr unter den Teppich kehren, der Kaiser verbannte seinen Bruder nach Salzburg und wies ihm Schloss Kleßheim als Wohnsitz zu. In Salzburg förderte Ludwig Viktor die schönen Künste und legte selbst eine wertvolle Kunstsammlung an. Im Alter wurde er wegen Geisteskrankheit unter Kuratel gestellt.

Sein Wiener Palais am Schwarzenbergplatz – von Heinrich Ferstel im Stil der italienischen Renaissance entworfen und 1866 fertig gestellt – spiegelt in vielem seinen Charakter: üppig, ausschweifend und ziemlich bombastisch, aber stilvoll. So wurde bei der Innenausstattung, erst 1869 vollendet, konsequent sowohl bei der Marmortäfelung als auch bei der Bemalung eine durchgehende Brauntönung eingehalten. Ludwig Viktor war der erste Habsburger (und er blieb auch der letzte), der sich an der Prachtstraße des Bürgertums, an der Wiener Ringstraße, ein Palais errichten ließ. Die Ausrichtung seines Hauses in Richtung Schwarzenbergplatz wurde zum Leitbild für die weiteren Bauten an diesem Platz.

1911, als Ludwig Viktor bereits in der Verbannung in Salzburg lebte, zog in das Palais das Militärcasino ein – noch heute trägt es die Aufschrift „Casino". Nach dem Zweiten Weltkrieg war ein Teil des Bundesministeriums für Verkehr und Verstaatlichte Betriebe im Palais untergebracht, seit 1981 nutzt das Burgtheater den Ballsaal als „3. Raum" für besondere Produktionen, was 2010 durch einen abermaligen Einbau aufgewertet wurde.

1010 Wien, Schwarzenbergplatz 1, Schubertring 13 (Straßenbahn 1, 2, 71 und D, Autobus 2)

43. Standesgemäße Residenz für einen Eisenbahnmagnaten:
Das Palais Ofenheim

1868 beauftragte der Finanz- und Eisenbahnmagnat Viktor Ofenheim Ritter von Ponteuxin die Architekten Johann Romano und August Schwendenwein mit dem Bau. Seit 1931 steht das Haus im Besitz einer Versicherungsgesellschaft, die einen Umbau durch Ernst Epstein durchführen ließ. 1954 erfolgte ein radikaler Umbau durch die Architekten Siegfried Theiß und Hans Jaksch. In den Jahren 1980–1986 kam es zu einer neuerlichen Renovierung durch Hans Puchhammer und zur teilweisen Wiederherstellung des ursprünglichen Bauzustandes.

Viktor Ofenheim, typischer Repräsentant des Wiener Judentums und der Gründerzeit, war Generaldirektor einer privaten Eisenbahngesellschaft, Erfinder und Teilhaber an industriellen Unternehmungen. Der als „Cäsar der Eisenbahngründer" bezeichnete Industrielle bekleidete 17 Verwaltungsratsposten und war an 96 Unternehmungen beteiligt. 1850 soll er 50.000 Gulden besessen haben, um 1870 sollen es schon etwa 2,5 Millionen Gulden gewesen sein.

Eine prestigegerechte Wohnsphäre am Schwarzenbergplatz schien daher durchaus angemessen. Das auf der um 80.000 Gulden erworbenen Bauparzelle errichtete Zinspalais stellt einen Kompromiss zwischen Adels- und Bürgerpalais dar. Den ersten, besonders luxuriös ausgestalteten Stock bewohnte der Bauherr selbst, im

Erdgeschoß lagen Büros der Eisenbahngesellschaft, der 2. und 3. Stock wurde vermietet, sodass das Palais schon 1872 eine Rendite von 9 % abwarf.

Die soziale Differenzierung der Mieter der einzelnen Stockwerke spiegelt sich auch visuell in der baulichen Gestaltung. Das repräsentative Portal mit Säulen, das geradezu einen Triumphbogen formt, ist der Eingang des Bauherrn. Die feudalen, barocken Innenräume folgen einem klassischen Kanon der Abfolge von Räumen, sie dienen der Repräsentation, der privaten Zurückgezogenheit und der Ökonomie. Die bemalte Decke des Festsaales weist Reliefbilder mit musikalischen Szenen auf, eine Potpourri von zeitgeistigem Geschmack.

Die weitere Geschichte des Hauses spiegelt auch die Ups und Downs dieser „Barone im reichen Ornat der frischen Millionen". Ofenheim war ein Pionier mit hochfliegenden Plänen, am Ende seiner Laufbahn stand ein Prozess, der alles zunichte machte. Seine Erbin Sophie von Ofenheim übergab das Palais 1900 an einen anderen Besitzer und übersiedelte ins Mezzanin. Heute steht das Palais im Besitz einer Versicherungsgesellschaft.

Von links nach rechts: Palais Ofenheim, Zinspalais Wertheim, Palais Wertheim

1010 Wien, Schwarzenbergplatz 15 (Straßenbahn 1, 2, 71 und D, Autobus 3)

44. Die Zweite Gesellschaft – Förderer der schönen Künste:
Das Palais Todesco

Die Ära der Wiener Ringstraße verdankt ihr besonderes Flair und ihren Reichtum an künstlerischen Produkten zu einem Gutteil dem assimilierten jüdischen Bürgertum, der so genannten Zweiten Gesellschaft. Diese Wirtschaftsbarone der Monarchie, meist Bankiers und Unternehmer, verstanden ihren in der Gründerzeit erworbenen Reichtum auch als Verpflichtung der Gesellschaft gegenüber. Sie waren selbstverständlich sehr wohltätig, sie förderten aber auch zahlreiche künstlerische und kulturelle Initiativen.

Eine dieser Familien waren die Todescos, möglicherweise aus Italien stammend, die nach der Revolution von 1848 schrittweise ein Firmen- und Bankenimperium aufgebaut hatten. Die Brüder Eduard und Moritz Todesco spielten im Wiener Gesellschaftsleben eine wichtige Rolle, und so war es nur legitim, dass sie sich – ihrem Stand entsprechend – im Bereich der Ringstraße ein Palais errichten ließen. Mit dem Bau (1861–1864) beauftragten sie Ludwig Förster und dessen Schwiegersohn Theophil Hansen. Für die malerische Innenausstattung des schlichten Neorenaissancebaues sollte Moritz von Schwind verantwortlich zeichnen. Doch seine finanziellen Forderungen lagen weit über dem veranschlagten Budget der Todescos – glücklicherweise, denn so wurden Schwinds Entwürfe in der Wiener Staatsoper verwirklicht und sind dort zum Teil noch erhalten. Als Innenarchitekt des Palais fungierte dann unter anderen Carl Rahl.

In der Familie Todesco gab es gleichsam eine strenge Aufgabenteilung: die Herren waren für das Geschäft zuständig, die Damen brillierten im Salon. Eduard Todesco war mit Sophie Gomperz, einer Schwester der legendären Salondame Josephine Wertheimstein verheiratet. Sein Bruder Moritz blieb Junggeselle, hatte aber über zwei Jahrzehnte eine christliche Lebenspartnerin, die gefeierte Operndiva Henriette Treffz. Ganz Wien wusste um diese Liaison, hatte ihm Henriette doch Kinder geboren. Als sie aber Johann Strauß Sohn kennen lernte, verließ sie Moritz Todesco. Angeblich hatte Strauß sogar bei ihm um Henriettes

Hand angehalten. Belegt ist, dass sie eine fürstliche Abfindung in der Höhe von 60.000 Gulden erhielt. Obwohl Henriette um acht Jahre älter als der bis über beide Ohren verliebte Komponist war, führten die beiden eine gute Ehe, denn sie brachte Ordnung in Strauß' Leben und lehrte ihn die Eleganz und Lebensart der guten Gesellschaft.

In der Wiener Boulevardpresse waren die Brüder Todesco oft Zielscheibe bissiger Bonmots: Sie galten als ungebildet – ganz im Gegensatz zu ihren Frauen. Tatsächlich dürften die wiederholten Bösartigkeiten auf den bereits damals herrschenden unterschwelligen Antisemitismus zurückzuführen gewesen sein.

Das Palais befand sich noch bis in die späten dreißiger Jahre des 20. Jahrhunderts im Besitz der Familie, ehe es ins Immobilienportefeuille einer großen Versicherungsgesellschaft überging. In den Jahren 1947 bis 1993 war es Sitz der Österreichischen Volkspartei.

Derzeit sind Teile des Palais für noble Büros umgestaltet, die Beletage mit ihren Repräsentationsräumen kann für Veranstaltungen gemietet werden.

1010 Wien, Kärntnerstraße 51 (U1, U2 und U4, Straßenbahn 1, 2, 71 und D)

45. Industriellenpalast am Ring:
Das Palais Wertheim

Franz Wertheim und seine Produkte waren in der ganzen Monarchie bekannt. Ursprünglich stammte der Industrielle aus ganz kleinen Verhältnissen. Nach Wanderjahren durch Deutschland, Frankreich und England errichtete er in seiner Geburtsstadt Krems eine kleine Werkzeugfabrik, die er so erfolgreich führte, dass er bald danach ein Hammerwerk in Scheibbs erwerben konnte. Ab 1844 beteiligte er sich an Industrieausstellungen und gewann für seine Erfindungen mehrmals Auszeichnungen. Mit der Herstellung eines speziellen Zigarettenpapiers für seinen Schwiegervater, der eine Papierfabrik besaß, gelang ihm der erste große Wurf. Ab 1848 experimentierte er – nach einem Einbruch in seiner Firma – mit einbruchs- und feuersicheren eisernen Kassen. Schließlich stellte er sein Produkt mit einem publikumswirksamen Event der Öffentlichkeit vor: Bei der Belvederelinie füllte er drei Kassen mit Geld und unterzog sie am 19. Februar 1853 einer Feuerprobe. Das Geld blieb unversehrt, die Wertheimschen Kassen wurden in der ganzen Monarchie und darüber hinaus berühmt. Übrigens: Die Josef Strauß-Polka „Feuerfest" erinnert an dieses Ereignis.

Wertheim machte mit seinen Erfindungen ein beachtliches Vermögen, das es ihm erlaubte, ein Grundstück an der Ringstraße zu erwerben. 1864 bis 1868 ließ er sich von Heinrich Ferstel vis-à-vis vom Palais Ludwig Viktor eine fast ebenso prächtige Residenz, ebenfalls mit Wappen geschmückt, errichten.

Doch die Wiener Gesellschaft betrachtete ihn als Parvenu, vor allem seine Sucht nach Orden, Ämtern und sonstigen gesellschaftlich akzeptierten Funktionen machte ihn häufig zur Zielscheibe des Spotts. So nannte ihn etwa Bürgermeister Cajetan Felder in seinen Erinnerungen einen „Großmeister der Reklame und Scharlatanerie". Im 20. Jahrhundert wäre er für sein Selbstvermarktungstalent sicherlich allgemein bewundert worden, jedenfalls hätte er zur „Seitenblicke"-Gesellschaft gehört. Geschäftstüchtig war Wertheim allemal. Denn neben seinem prächtigen Palais ließ er noch ein Wohnhaus errichten, das er gegen guten Zins vermietete. Als der Maler Hans Makart anlässlich der Silberhochzeit des Kaiserpaares einen historischen Festzug organisierte, widmete Wertheim eine Prachtkassette Kaiserin Elisabeth – beim Festzug war diese Kassette mit Widmung und den eingravierten Ansichten von Wien und Ofen auf dem Wagen des Metallgewerbes zu bewundern.

1010 Wien, Schwarzenbergplatz 17 (Straßenbahn 1, 2, 71 und D, Autobus 2)

VII. Juwelen des Jugendstils

46. Ein Reigen österreichischer Geschichte:
Die Ankeruhr

Als Verbindung zwischen zwei neoklassizistischen Gebäuden – dem Ankerhof, Sitz einer Versicherungsgesellschaft, und einem Zinshaus – wurde zwischen 1912 und 1914 von den bauausführenden Architekten ein Schwibbogen, der die Rotgasse überspannt, geschaffen und durch eine komplizierte Uhrenanlage verziert. Für eine Uhr hatte man sich

wohl deshalb entschlossen, weil diese an einem der ältesten Plätze von Wien an die schon von den Römern errichteten Sonnenuhren erinnern sollte. Nach einem Entwurf des Malers Franz Matsch setzt sich zur vollen Stunde in chronologischer Reihenfolge jeweils eine markante Figur der österreichischen Geschichte in Bewegung. Um zwölf Uhr paradieren dann alle zwölf Figuren (eigentlich sind es dreizehn, denn Maria Theresia und ihr Gatte treten als Paar auf) vor den zahlreichen Schaulustigen. Den Anfang macht der römische Kaiser Marc Aurel, der sich erwiesenermaßen in Wien aufgehalten hat, es folgen Karl der Große und der Babenbergerherzog Leopold VI., der übrigens mit einer byzantinischen Prinzessin vermählt war. Die mittelalterliche Dichtkunst vertritt Walther von der Vogelweide, darauf erscheint wieder ein Herrscher, nämlich Rudolf I., der erste Habsburgerkönig. Hans Puchspaum, einer der Erbauer des Stephansdoms, vertritt die Architektur. Nach Kaiser Maximilian I. treten drei Türkenkämpfer des Jahres 1683 auf, nämlich Bürgermeister Andreas Liebenberg, Ernst Rüdiger Graf Starhemberg, Obrist der Stadtguardia und Stadtkommandant, und Prinz Eugen von Savoyen. Natürlich dürfen Maria Theresia und ihr Gemahl Kaiser Franz I. Stephan nicht fehlen. Die zwölfte Stunde wird von Joseph Haydn repräsentiert, bei dessen Erscheinen die alte Kaiserhymne erklingt.

2005 wurde das Versicherungsgebäude generalsaniert, wobei auch die Mechanik der bei Touristen sehr beliebten Ankeruhr modernisiert wurde – die Musik für die Parade der übergroßen, aus Kupfer getriebenen und bemalten Figuren wird nun digital eingespielt. Mit der modernen Ausgestaltung der Innenausstattung des Versicherungsgebäudes beauftragte die Gesellschaft die zeitgenössische Künstlerin Eva Afuhs. Sie wählte für ihre Installation die beim Brand der Sophiensäle geretteten Kristallluster der weltbekannten Firma Lobmeyr, die nun allerdings nichts mehr beleuchten, sondern schräg in der Luft schweben – nicht restauriert, sondern noch immer vom Feuer verrusst. Zusammen mit zwei barocken Lampenrepliken aus dem Palais Schwarzenberg sollen sie den Zusammenprall von Tradition und Moderne, von Sicherheit und Verunsicherung der Menschen zum Ausdruck bringen. Denn die Ankerversicherung war traditionellerweise auch eine Brandschadenversicherung...

1010 Wien, Hoher Markt 10–11 und 12 (Autobus 3)

47. Ein „Tramwaywartehäuserl" für die Kunst:

Das Artariahaus

Wieder einmal hatten die Wiener mit einem Neubau keine Freude: Als Max Fabiani, ein Architekt aus dem Büro von Otto Wagner, 1900 einen Neubau für die Kunsthändler Artaria am Kohlmarkt errichtete, nannten die empörten Wiener das Haus wegen des überkragenden Daches „Tramwaywartehäuserl". Wenige Jahre später und hundert Meter entfernt erregte wieder ein Haus ihren größeren Unmut: Adolf Loos' Neubau am Michaelerplatz aus 1911 nannten sie gleich „Haus ohne Augenbrauen". Sehr erneuerungsfreudig waren die Wiener ja nie. Umso verständlicher ist, dass das Geschäft der Artarias so blühte, denn diese handelten mit alten Stadtansichten, die ein nostalgisches Bild der Stadt vermittelten.

Die Familie Artaria, vom Comer See stammend, kam 1770 nach Wien, ihr erstes Geschäft als „Bilderkrämer" eröffneten sie in den Tuchlauben. Hauptgeschäftszweig waren Bilder und Noten, aber auch Gerätschaften für diese speziellen Kunstzweige. 1775 übersiedelten die „Cugini" (Cousins) Artaria auf den Kohlmarkt Nr. 9 in das Haus „Zum englischen Gruß". Ganz in der Nähe hatte auch ihr größter Konkurrent, Hieronymus Loeschenkohl, seinen Laden. Im Laufe der Jahre setzten sich die Artarias durch, sie vertraten die Meister der Wiener Klassik, vor allem Joseph Haydn, von dem sie nicht weniger als 157 Werke in ihrem Angebot hatten. Die Geschäftsbeziehungen mit Beethoven waren etwas schwieriger. Nach Beethovens Tod kauften die Artarias aus seinem Nachlass einige Autographen, vor allem die Handschrift der 9. Symphonie. Später gelangten diese wertvollen Notenhandschriften zu einem großen Teil in den Besitz der Wiener Stadtbibliothek.

Die Artarias wurden im Laufe eines Jahrhunderts fixer Bestandteil des Wiener Großbürgertums, sie waren anerkannt und respektiert und spielten im Wiener Kulturleben eine wichtige Rolle.

Bis 2009 konnten im ersten Stock Kupferstiche und Lithographien erworben werden, die noch von bis heute erhaltenen Originalplatten und alten Lithosteinen gedruckt wurden. Die Spezialität des Hauses Artaria war die Produktion von ganzen Serien zu einem Thema: etwa die berühmten Wiener Veduten aus der josephinischen Zeit, die von

Carl Schütz und Johann Ziegler gestochen wurden. Auch die Militaria-Reihen erfreuten sich regen Publikumszuspruchs. 2009 erfolgte die Übersiedlung in die nahe Wallnerstraße.

Das um 1900 errichtete neue Verlagshaus trägt eine ganz persönliche architektonische Handschrift. Fabiani, von dem in Wien noch die Palmersfabrik hinter dem Theater an der Wien oder die Urania erbaut wurden, entwickelte für jedes seiner Projekte eine sehr individuelle Fassadengestaltung.

Im vierten Stock des alten Hauses Kohlmarkt 9 wohnte von November 1830 bis Juli 1831 ein prominenter Musiker. Unter dem Namen „Friedrich Schopine, Particulier" war der polnische Komponist und Geigenvirtuose Frédéric Chopin polizeilich gemeldet.

1010 Wien, Kohlmarkt 9 (Autobus 1)

48. Vollendeter Jugendstil:
Die Hohe Brücke

Die Brückenkonstruktion, die den heutigen Tiefen Graben überspannt, ist eines der Jugendstiljuwele der Stadt. Ursprünglich floss an dieser Stelle der Ottakringer Bach zur Donau, später wurde in diesen Wasserlauf noch der Alserbach eingeleitet.

Der Name der Brücke ist bereits für das Jahr 1295 dokumentiert, damals befand sich im Zuge der heutigen Wipplingerstraße ein Tor in der Burgmauer.

Einst wahrscheinlich eine Holzbrücke, wurde im 15. Jahrhundert eine steinerne Brücke mit mächtigen Mauern errichtet. Im 18. Jahrhundert standen auf den Brüstungen die Figuren des hl. Nepomuk, des klassischen Brückenheiligen, und des hl. Kajetan. Dieser, dessen richtiger Name Gaetano von Thiene lautete, hatte 1524 den Theatinerorden gegründet. Dieser Orden war neben den Jesuiten der wichtigste Orden der Gegenreformation. Eine der Hauptaufgaben dieses Ordens war

neben Seelsorge und Krankenpflege, die Missetäter zur Richtstatt zu begleiten. Sie erwarben sich auch große Verdienste um den Rückkauf von in die Sklaverei verschleppten Christen.

Die Mönche, die keine zusätzlichen Einkünfte besaßen und nur von der allgemeinen Mildtätigkeit lebten, erfuhren im 18. Jahrhundert den Niedergang ihres Ordens. Ihr Kloster, das sich an der Hohen Brücke befand, wurde unter Kaiser Joseph II. aufgehoben. Auch die Statue des hl. Kajetan wurde damals entfernt.

Mitte des 19. Jahrhunderts war die steinerne Brücke schon recht baufällig und wurde durch einen neugotischen Bau ersetzt, der mit der Jahreszahl 1858 verziert war.

1903 wurde wieder ein Brückenneubau in Auftrag gegeben, diesmal erhielt der Architekt Josef Hackhofer den Zuschlag. Gemeinsam mit Karl Christl entwarf er eine moderne Eisenkonstruktion mit einer Spannweite von 15 Metern. Auf den Marmorverkleidungen der Stirnflächen sind Darstellungen der alten Brücken und die Wappen von Wien und Niederösterreich zu sehen. Nachts erstrahlt die Brücke im Licht von etwa 3.000 Watt und erhellt damit den doch dunklen Tiefen Graben.

Schon in früher Zeit gab es einen Gang bzw. eine Treppenanlage, die hinunter zum Tiefen Graben führte. Seinerzeit stand dort das Haus „Zum Bacchus", in dem sich ein sehr beliebter Weinkeller befand. Heute befindet sich am Tiefen Graben das ebenfalls sehr frequentierte „Hotel Orient", dessen Portal den Jugendstil der Hohen Brücke nachempfindet.

1010 Wien, Wipplingerstraße (Autobus 3)

49. Jugendstilensemble am Rennweg:

Otto Wagners Wohnhäuser

Nach dem Abbruch des Gardespitals erwarb Otto Wagner am Rennweg ein großes Grundstück und errichtete 1890/91 darauf ein Ensemble von drei Wohnhäusern

Das Haus Rennweg 1a wurde leider nach massiven Kriegsschäden völlig verunstaltet und kann kaum mehr als ein Werk des großen Architekten identifiziert werden.

Haus Nr. 3 mit seiner ab dem ersten Stock, der Beletage, reich verzierten Fassade bewohnte Otto Wagner zunächst selbst, wie er das öfter mit von ihm gebauten Häusern machte. Er wohnte hier quasi zur Probe, dann erst verkaufte er die Häuser. Der pompöse Bau mit dem repräsentativen Stiegenhaus und den üppig dekorierten Wohnräumen, einem Atelier, Stallungen und der Wagenremise im Hof war ein klassisches Beispiel für ein Großbürgerpalais. Mit diesem Haus vollzog Wagner den Schritt vom historistischen Baustil hin zum floralen Dekor des Jugendstils. 1895 verkaufte Wagner das Haus an Marie Gräfin Hoyos, Witwe des Malers Friedrich Amerling. Er selbst übersiedelte nach Hütteldorf, wo er zuvor eine kleinere und eine größere Villa im Grünen errichtet hatte. Nach der Gräfin war Ludwig Urban Besitzer des Hauses am Renn-

weg, dessen Erben das Stadtpalais 1927 an den Generalkonsul der Republik Peru veräußerten. Ab dem Jahr 1954 verfügte das Handelshaus ÖSTAWA über die Immobilie, die 1957 als Botschafterresidenz an die Bundesrepublik Jugoslawien verkauft wurde. Heute dient es als Botschaft der Republik Serbien.

Das Haus Nr. 5, in der Fassadengestaltung etwas einfacher gehalten, hat seinen Eingang in der Auenbruggergasse. Auch dieses Gebäude hatte prominente Bewohner. Noch heute erinnert eine Gedenktafel daran, dass Gustav Mahler hier 1898 bis 1909 mit seiner Gattin Alma wohnte. Ein späterer Bewohner, ebenfalls aus der Welt der Musik, war der Dirigent Karl Böhm, nach dem Zweiten Weltkrieg zog der Schauspieler, Schriftsteller und Theaterdirektor Paul Barnay ein.

*1030 Wien,
Rennweg 1a, 3 und 5
(Straßenbahn 71
und D)*

50. Die Legende von den vertauschten Bauplänen:

Die französische Botschaft

Als 1909 die neue französische Botschaft nahe der Karlskirche eröffnet wurde, begann bereits die Legendenbildung um das in bestem Art nouveau, dem französischen Jugendstil, erbaute Gebäude. Das „Illustrierte Extrablatt" schrieb damals von dem „im Barockstil gehaltenen Palais …". Offenbar war es der üppigere Baustil, der so eine architektonische Fehleinschätzung verursacht hatte. Der Inspektor des französischen Außenministeriums für Immobilien hingegen meinte, „daß es Frankreich zu Ehren gereicht".

Die Diskussionen um den Neubau einer französischen Botschaft gingen auf die zweite Hälfte des 19. Jahrhunderts zurück, denn die Diplomaten der „Grande Nation" hatten immer in angemieteten Palais residiert, aber nie eine ständige Residenz besessen. Anlässlich der Stadterweiterung schien es nun notwendig, einen guten Baugrund zu akquirieren, doch die Verhandlungen mit dem Wiener Stadterweiterungsfonds verliefen zäh und mühsam. Der Botschafter Agénor de Gramont führte in Paris Beschwerde, dass er das französische Kaiserpaar

im angemieteten Palais Lobkowitz nicht würdig empfangen könne. Später wehklagte er, dass die öffentlichen Pferdefuhrwerke ihren Standplatz gerade vor der Botschaft hätten. Wegen der Geruchsbelästigung könne man keine Fenster öffnen.

1901 endlich passierte ein Gesetz die beiden französischen Kammern, mit dem eine Rahmensumme von drei Millionen Francs für Grundstückserwerb und Bau bewilligt wurde. Im Mai dieses Jahres wurde der Kaufvertrag unterfertigt, gegengezeichnet vom Wiener Bürgermeister Karl Lueger. Den Bauauftrag erhielt der französische Architekt Georges-Paul Chédanne, der bei der Weltausstellung 1899 einen Grand Prix gewonnen und in Paris die legendären Galeries Lafayette erbaut hatte. Zu diesem Zeitpunkt entstanden die ersten Gerüchte, dass die Pläne für das Botschaftsgebäude eigentlich für Istanbul bestimmt gewesen wären, oder gar für Kairo, was besonders abstrus ist, weil es in Ägypten gar keine Botschaft gab – Ägypten war damals noch Teil des Osmanischen Reiches! Der Zusammenhang mit Istanbul war insofern gegeben, als die alten Wiener Möbel nach Istanbul verfrachtet wurden. Auch das Wiener Baubüro ging nach der Fertigstellung der Botschaft nach Istanbul, um dort das Palais Pera herzurichten.

1040 Wien, Technikerstraße 2 (Straßenbahn 71 und D)

Jedenfalls konnte das Gebäude niemals das Wohlgefallen der Wiener erringen. Anfang der zwanziger Jahre, als sich die österreichisch-französischen Beziehungen wieder einmal auf einem Tiefstand befanden, lehnten auch die Franzosen den Baustil als grauenvoll ab. Zusätzlich gab es Querelen mit dem Architekten, sein Ruf blieb angeschlagen.

Im Zweiten Weltkrieg wurde das Haus beschädigt, und der neue französische Hochkommissar Antoine Béthouart nahm lieber in Hütteldorf Quartier, als in der Nähe der Russen zu logieren. Noch 1955 schrieb ein Botschafter über das Haus: „… ein Beispiel für Jugendstil in seiner abstoßendsten Form …". Fast wäre die französische Botschaft abgerissen worden, hätte sich nicht der damalige französische Kulturminister und bedeutende Literat André Malraux für ihren Erhalt eingesetzt.

51. Heimstätte sozialdemokratischer Publizistik:

Das Vorwärtshaus

Das für die sozialdemokratische „Arbeiter-Zeitung" errichtete Verlagshaus zeugt vom Selbstverständnis und Selbstwertgefühl dieser politischen Bewegung. 1889 hatte Victor Adler die Zeitung als Zentralorgan der Sozialdemokratischen Partei gegründet. Sie erschien erstmals am 14. Juli 1889, zunächst in einem Zwei-Wochen-Rhythmus, und erreichte bald eine beträchtliche Auflage. Anfangs wurde das Blatt in der Gumpendorferstraße, später in der Mariahilferstraße redigiert,

1910 übersiedelten Druckerei und Verlagshaus an die Rechte Wienzeile, wo inzwischen auch alle übrigen sozialdemokratischen Zeitungen und Zeitschriften herausgebracht wurden. Das Gebäude war 1907 von den Brüdern Franz und Hubert Gessner als künftige Heimstätte der „Arbeiter-Zeitung" errichtet worden. Die Fassadengestaltung der einzelnen Stockwerke entspricht ihrer jeweiligen Funktion innerhalb des Gebäudes. Die Plastiken, einen Arbeiter und eine Arbeiterin darstellend, sind Werke von Anton Hanak, die Porträtbüsten der Arbeiterführer Robert Danneberg und Albert Sever stammen von Alfons Riedel. Die „Arbeiter-Zeitung" war vor und nach dem Ersten Weltkrieg das einflussreichste Organ der Partei. Welche Macht von ihr ausging oder welchen Einfluss etwa ein Artikel von Chefredakteur Friedrich Austerlitz ausübte, wurde nachdrücklich im Juli 1927 unter Beweis gestellt. Am 14. Juli 1927 erfolgte der Freispruch für alle Angeklagten im so genannten „Schattendorfer Prozess": Ein Invalide und ein Kind waren Ende Jänner diesen Jahres bei einem Aufmarsch paramilitärischer Verbände im burgenländischen Ort Schattendorf von politischen Gegnern getötet worden. Doch die Geschworenen erkannten auf „nicht schuldig". Daraufhin schrieb Austerlitz einen empörten Brandartikel gegen dieses Fehlurteil. Am nächsten Tag marschierten tausende Arbeiter in die Wiener Innenstadt. Es kam zu gewalttätigen Auseinandersetzungen mit der Polizei, fast neunzig Menschen fanden dabei den Tod, der Justizpalast wurde angezündet: Ein schwarzer Tag in der Geschichte Österreichs, aber auch ein schwarzer Tag für die Sozialdemokratie, denn nach diesen Ereignissen erfolgte ein deutlicher Rechtsruck der Regierung. Die Heimwehren und andere rechts gesinnte Gruppierungen erlebten einen regen Zulauf.

Nach dem Bürgerkrieg des Februar 1934 wurde die „Arbeiter-Zeitung" verboten, die gesamte Redaktion floh – wie auch viele Parteifunktionäre – in die Tschechoslowakei, wo das Blatt weiterhin gedruckt wurde. Zahlreiche illegale Boten schmuggelten die Zeitung nach Österreich. 1938 war auch damit Schluss. Erst nach dem Zweiten Weltkrieg konnte die „Arbeiter-Zeitung" wieder erscheinen. Vor allem in den Jahren der Besatzungszeit gehörte sie zu jenen mutigen Blättern, in denen immer wieder von Übergriffen der Alliierten, vor allem der Sowjets, berichtet wurde.

Ende der siebziger Jahre sank die Auflage, die technische Ausstattung der Druckerei war ziemlich überaltert. Mitte der achtziger Jahre musste die SPÖ das ehrwürdige Druckhaus aufgeben, die Redaktion der „Arbeiter-Zeitung" übersiedelte bezeichnenderweise in ein Gebäude nahe dem Schlachthof St. Marx. Im 100. Jahr ihres Bestehens, 1989, wurde das kurz „AZ" genannte Blatt aus wirtschaftlichen Gründen eingestellt.

Heute befindet sich im ehemaligen Verlagshaus das Archiv der Sozialdemokratischen Partei.

1050 Wien,
Rechte Wienzeile 97
(U4)

52. Europas viertschönste Treppe:

Die Fillgraderstiege

Bei einem 2004 erhobenen Ranking europäischer Treppenanlagen, das von der italienischen Gesellschaft „Marketing e TV" durchgeführt wurde, landete diese prachtvolle Stiege auf Platz vier nach der Spanischen Treppe in Rom, dem Montmartre in Paris und dem Athena-Tempel auf Rhodos. Die Fillgraderstiege gehört tatsächlich zu den unbekannten Schönheiten Wiens – weder fand sie wie die Strudlhofstiege eine literarische Würdigung, noch wird sie für so bedeutend befunden, um in Reiseführer aufgenommen zu werden. Inzwischen kann man die Treppe zwar immer wieder als Kulisse in diversen Filmen entdecken, allerdings ohne irgendeinen Hinweis, wo sich denn dieses secessionistische Prachtstück befindet. Zuletzt sah man die Treppe im Fernsehkrimi „Das jüngste Gericht" mit Tobias Moretti.

Die Namengeber der Stiege und der Fillgradergasse waren im 18. Jahrhundert Bewohner dieser Gegend, d.h. sie stammtem „vom Grund", wie man die unmittelbare Nachbarschaft in der Wiener Umgangssprache nannte. Die Geschütz- und Glockengießerfamilie Fillgrader wirkte als Wohltäter – ihr Name wurde durch die Benennung der Gasse und der Stiege verewigt. Das Philantropen-Ehepaar Johann und Maria Fillgrader wurde auch mit einem Ehrengrab auf dem Wiener Zentralfriedhof gewürdigt. Als 1982 bis 1984 die Treppe saniert wurde, richtete man in halber Höhe in den Innenräumen ein Stehcafé ein.

In der Fillgradergasse stehen noch einige Wohnhäuser aus der Biedermeierzeit. In einem dieser Häuser wohnte 1827 bis 1830 der große Dichter der Romantik, Nikolaus Lenau, mit seiner Mutter. Nach ihrem Tod trat er sein großes Erbe an und übersiedelte als finanziell unabhängiger Mann nach Stuttgart, wo er sich dem Schwäbischen Dichterkreis anschloss.

Doch zurück zur Fillgraderstiege: Die doppelläufige Stiegenanlage, die 1905 bis 1907 im Stil der Secession erbaut wurde, überwindet den Höhenunterschied zwischen Mariahilferstraße und Wienfluss. Der Höhenunterschied war durch das Abgraben von Lehm für Bauzwecke entstanden, daher rührt übrigens auch der Name Laimgrube. Am Haus Fillgradergasse 21 ist ein Sgraffito zu sehen, auf dem das Ziegel-Schlagen in der Laimgrube dargestellt ist.

*1060 Wien,
Fillgradergasse 8–10
(Autobus 57A)*

53. Vergessene und wieder entdeckte Bühnen:

Wiens Jugendstiltheater

Um 1900 war Wien eine boomende Theaterstadt, in der auch zahlreiche kleinere Theater gut überleben konnten. Keines von ihnen kann bis in unsere Tage eine kontinuierliche Geschichte als Theater aufweisen, oft wurden sie zweckentfremdet oder einfach zugesperrt bzw. weggesperrt.

Das THEATER IM NESTROYHOF, gegenwärtig Hamakom-Theater bezeichnet, wurde 1898 vom jüdischen Architekten und Anhänger Theodor Herzls und seiner zionistischen Vision Oskar Marmorek als jüdisches Theater errichtet, also für das vielfach in der Leopoldstadt wohnende jüdische Bildungsbürgertum. Etwa als Kontrapunkt zum nahen Carl-Theater, das sich dem Wiener Volksstück und der Operette verschrieben hatte. Im Nestroyhof wurde Kabarett gespielt, Stücke wie „Hamlet" auf Jiddisch aufgeführt. Aber auch Strindberg, Gorki oder Maeterlinck standen auf dem Spielplan. Nach dem Bankrott des ersten Theaterbetreibers gab es das Etablissement „Folies Comiques", dann das Trianon-Theater, wo Karl Kraus Frank Wedekinds „Büchse der Pandora" zur österreichischen Erstaufführung brachte. Neben dem Theater entstanden ein modernes Lichtspieltheater und im Keller eine Tanz-

Saal im Hamakom-Theater

bar. Ab den späten zwanziger Jahren des 20. Jahrhunderts konzentrierte sich der Spielplan auf Gastspiele jüdischer Ensembles. Das Jahr 1938 brachte das Ende für ein lebhaftes jüdisches Kulturleben, der Nestroyhof fiel 1940 der Arisierung zum Opfer. Ab 1941 nutzte die Exl-Bühne das Haus und zeigte Stücke aus dem bäuerlichen Milieu. 1944 kam wie für alle Theater das kriegsbedingte Aus.

Nach dem Zweiten Weltkrieg wurde ein Restitutionsverfahren eingeleitet, das mit einer außergerichtlichen Einigung zwischen den ehemaligen und den jetzigen Besitzern endete. Nach Restaurierung des Hauses wurde das Theater an eine Supermarktkette vermietet und damit zweckentfremdet. 1997 zog dieser Supermarkt aus, man entfernte die störenden Zwischenwände und entdeckte dahinter einen unversehrten Theaterraum des Jugendstils. Nach der Jahrtausendwende fanden immer wieder kulturelle Veranstaltungen im Nestroyhof statt und machten damit auf den großartigen Theatersaal und sein kulturelles Erbe aufmerksam. Ein ständiger Betrieb war aber finanziell nicht möglich.

2008 wurde doch ein unbefristetes Mietverhältnis für einen Theaterbetrieb erreicht. Mit einem Baukostenzuschuss der Stadt Wien wurde die Möglichkeit einer ständigen Bespielung geschaffen.

Wiens schönstes, leider etwas dezentral gelegenes JUGENDSTILTHEATER, die Bühne im Bereich des Krankenhauses Baumgartner Höhe, stellte mit Ende November 2009 den Spielbetrieb ein.

Jugendstiltheater Am Steinhof

Das von einem privaten Verein betriebene Theater soll eine dringend nötige Sanierung erfahren. Ob der Spielbetrieb danach wieder aufgenommen werden kann, ist allerdings fraglich, war doch bereits von der Alternative des Kurhauses, das sich ebenfalls auf dem weitläufigen Areal befindet, die Rede. In den 30er-Jahren lebhaft bespielt, versank das Haus danach in einen Dämmerzustand und wurde erst Ende der 70er-Jahre reaktiviert. In den letzten Jahren gab es im Jugendstiltheater vor allem im Sommer wunderbare Aufführungen, die durch das Ambiente der Location noch eine zusätzliche Qualität erfuhren. Zahlreiche Festwochenaufführungen, Oper, Schauspiel und alternative Szene, alle fühlten sich in Otto Wagners Juwel sehr wohl. Es bleibt, auf einen Neubeginn zu hoffen.

Theatersaal am Mittersteig

Eine völlig im Dornröschenschlaf versunkene Bühne befindet sich im Hause MITTERSTEIG Nr. 15 im vierten Bezirk. Dieses von der Baufirma Kupka und Orglmeister 1910 errichtete Haus ist bis auf den Theatersaal in einem sehr guten Zustand. Die Geschichte dieses Saales ist fast unbekannt, die Zukunft liegt trotz hoch interessanter Bausubstanz völlig im Dunkeln. Zweifellos wurde das Wiedener Grand Kino, wie es zeitweilig hieß, als Veranstaltungsort für vielfältige Nutzung erbaut. 1915 fand jedenfalls eine Aufführung von Anzengrubers „Meineidbauer" statt. Jahrelang ist dieser Saal mit Raum für etwa 300 Zuschauer als Boxclub namens „Athletic Center" in Verwendung gestanden, bis der opernbegeisterte Regisseur Markus Kupferblum den Saal auf eigene Kosten provisorisch herrichten ließ und 1994 eine Aufführungsserie von Verdis Oper „La Traviata" startete. Doch auch dieser erfolgreichen Produktion gelang es nicht, das Theater am Leben zu erhalten, Förderungen blieben jedenfalls aus oder gingen in andere Kanäle. Ein offenbar enttäuschtes Publikum widmete dem Theaterprojekt Kupferblums einen resignativen Nachruf, der in dem Zweizeiler mündete: „Oder ist Wien so anders, dass es solcher Blüten nicht bedürfte?" Danach beherbergte das Haus noch ein Möbellager, inzwischen steht es leer und geht dem Verfall entgegen. Ist da noch ein Genius loci des Vorgängerbaus wirksam? Denn in diesem war eine Armenschule untergebracht.

1020 Praterstraße – Nestroyplatz (U1); 1140 Baumgartner Höhe (Autobus 47A); 1040 Mittersteig 15 (Autobus 13)

54. Baukunst vom Feinsten:

Jugendstil in Wien

Architektur des Jugendstils findet sich in Wien in fast allen Bezirken verstreut, ein kompaktes Viertel, wie etwa in Prag entlang der Pariser Straße, wurde in Wien nicht verwirklicht. Dafür erlebt man außerhalb der Ringstraße so manche Überraschung.

Rüdigerhof am Wienfluss

Einer der schönsten Bauten ist der von Oskar Marmorek 1902 erbaute RÜDIGERHOF in der Hamburgerstraße an einer eleganten Sichtachse entlang des Wienflusses. Das heute unter Denkmalschutz stehende Haus wurde inzwischen prachtvoll restauriert; das auf der Höhe eines Halbstocks befindliche Kaffeehaus hat sich zu einem beliebten Szenetreff entwickelt. Marmorek, dem wir auch den Nestroyhof und zwei weitere beachtliche Bauten in der nahen Windmühlgasse (Nr. 30 und 32) verdanken, gestaltete den in Weiß, Blau und Gold gehaltenen Baukörper zusätzlich durch verschiedene Putzformen, etwa einen beeindruckenden Wellenputz im Sockelbereich. Im Rüdigerhof wohnte der überaus beliebte Operettensänger und Operettenbuffo, Kabarettist und Komponist Ernst Arnold (richtig: Ernst Arnold Jeschke), der jüngere Bruder des Volksschauspielers Fritz Imhoff. Arnold debütierte wie viele Schauspieler im böhmischen Reichenberg, setzte seine Karriere am Wiener Carl-Theater fort. Er war einer der ersten Schauspieler und Sänger, der nach dem Ersten Weltkrieg in dem neuen Medium Radio auftrat. Manche seine Lieder sind so populär geworden, dass sie fast als Redewendungen in die Wiener Alltagssprache Eingang fanden, wie: „Wenn der Herrgott net will, nutzt das gar nichts…" oder „Beim Burgtor am Michaelerplatz…". Insgesamt schrieb er an die 800 Lieder.

Der aus Kroatien stammende Architekt Max Fabiani erhielt in Wien nur drei Großaufträge, das Artariahaus, die Urania und ein Wohn- und Geschäftshaus für die Möbelfirma PORTOIS & FIX in der Ungargasse im dritten Bezirk. Gerade der letztere Bau wurde zu seinem Hauptwerk, weil er damit einen neuen Typus schuf. Das 1901 fertig gestellte Bauwerk trennt klar den Wohn- vom Geschäftsbereich durch die Fassadengestaltung. Fabiani, ein Schüler Otto Wagners, verkleidete die Fassade mit moosgrünen Fliesen, die durch Unterschiede in der Farbtönung eine geometrisch-ornamentale Struktur bilden.

Fassade von Portois & Fix

Hotel Favorita

Das HOTEL FAVORITA am Beginn der Laxenburgerstraße, ein prachtvoller Jugendstilbaukörper, wurde ursprünglich von Hubert Gessner für den Verein „Arbeiterheim in Favoriten" erbaut. Seit seiner Eröffnung 1902 war das Arbeiterheim Zentrum des sozialdemokratischen Parteilebens im Arbeiterbezirk Favoriten. Hier fanden zahlreiche Wiener Parteitage statt, fasste doch der Saal im ersten Stock an die 3.000 Delegierte. Außerdem waren in diesem Komplexe vierzig Wohnungen, ein Kino und ein Lokal der vom steirischen Arbeiterführer Anton Afritsch gegründeten „Kinderfreunde" untergebracht. Im Arbeiterheim fanden zahlreiche Kongresse und Lesungen statt. Karl Kraus hielt hier seine letzte Lesung. In der Laxenburgerstraße fanden auch die Trauerfeiern für Victor Adler und Engelbert Pernerstofer statt. Während der Unruhen des Februar 1934 war das Arbeiterheim ein Zentrum der Kämpfe und wurde schwer beschädigt. Da die Sozialdemokratie 1934 alle ihre Besitztümer verlor, ging das Haus an die Vaterländische Front, nach 1938 hausten NSDAP-Parteistellen in der Laxenburgerstraße. 1945 usurpierte die sowjetische Besatzungsmacht das Gebäude und errichtete dort die Bezirkskommandantur. Erst 1951 erhielt der Bezirk das traditionsreiche Haus zurück. Die Räumlichkeiten wurden einigermaßen wieder instand gesetzt und wieder als Arbeiterheim und Kulturzentrum des Bezirks genutzt. In den 80er-Jahren verschlechterte sich der Bauzustand sichtlich, erst wurde das Kino gesperrt, schließlich siedelten die Organisationen in Ausweichquartiere um. Vor dem bereits beschlossenen Abbruch rettete der Bescheid des Denkmalamtes, das Haus unter Schutz zu stellen. Schließlich wurde ein Kompromiss gefunden: Ein Teil des komplett restaurierten Arbeiterheimes wurde ein elegantes Hotel, der Rest wieder Arbeiterheim.

1060 Wien, Hamburgerstraße 20 (U4)
1030 Wien, Ungargasse 59 – 61 (Straßenbahn O)
1100 Wien, Laxenburger Straße 8 – 10 (Straßenbahn O und 67)

VIII. Das Jahrhundert der Stadterneuerung

55. Architektur eines Philosophen:

Das Wohnhaus für Margarete Stonborough-Wittgenstein

Der Philosoph Ludwig Wittgenstein erbte gemeinsam mit seinen Geschwistern ein bedeutendes Vermögen – auf das er jedoch verzichtete. Er begann ein Ingenieurstudium an der Technischen Hochschule in Berlin-Charlottenburg, ging nach England, zuerst nach Manchester zum Studium der Aeronautik, dann nach Cambridge, wo er Bertrand Russell und John Maynard Keynes kennen lernte. 1913 zog er sich in die Einsamkeit Norwegens zurück, wo er sein erstes und wichtigstes Werk „Tractatus logico-philosophicus" schrieb. Zwischen 1922 und 1926 unterrichtete er als Volksschullehrer im Semmeringgebiet.

1926 bis 1928 erbaute Wittgenstein zusammen mit dem Architekten Paul Engelmann, einem Mitarbeiter von Adolf Loos, ein großbürgerliches Wohnhaus für seine ältere Schwester Margarete. Er selbst war stark von den Ideen des berühmten Architekten Loos geprägt.

Den Bau zeichnen strenge Linien, logische Klarheit und Einfachheit aus. Wittgenstein, der den Architekten Engelmann bald aus seinem Projekt hinausdrängte, kümmerte sich um jedes einzelne Detail. Raumerfordernis und Raumanordnung der Villa entsprachen einem gehobenen bürgerlichen Wohnbedürfnis, die Anzahl der Zimmer für die Familie und für das Personal ist beachtlich. Wittgenstein sah einen großen Saal bzw. ein Musikzimmer, eine Bibliothek, Wohnzimmer, Speisezimmer, Anrichteraum und Frühstückszimmer vor. Es gab drei Kinderzimmer, Gästezimmer, ein Sekretärinnenzimmer, einen Nähraum und mehrere Badezimmer. Im Keller war die Küche untergebracht, ebenso das Esszimmer für die Diener und weitere Räume für das Personal.

Das aus Kuben bestehende Haus ist mit einem Flachdach versehen, es besteht nur aus rechteckigen Linien und klaren Flächen, jegliches Ornament wurde bewusst vermieden. Wuchtigkeit und Nüchternheit sind die primären Eindrücke. Die überhohen Fenster in Metallrahmen lassen viel Licht ein – und trotzdem entsteht ein starkes Gefühl von Kühle, was etwa durch die generell weiß gestrichenen Wände oder die nackte Glühbirne im Eingangsbereich unterstrichen wird.

Das weitere Schicksal der Villa war äußerst bewegt: 1938 verließen die Wittgensteins Österreich, während des Krieges war ein Notlazarett im Haus untergebracht. Nach dem Krieg kehrte die Eigentümerin wieder zurück, bis das Haus 1971 im Besitz eines Bauunternehmers landete, der es abreißen lassen wollte. Namhafte Architekten und Publizisten konnten die damalige Wissenschaftsministerin Herta Firnberg vom Wert der Villa überzeugen und den Abbruch verhindern. 1975 erwarb die Republik Bulgarien das Wittgenstein-Haus und nutzt es bis heute als Kulturinstitut. Regelmäßig gibt es in den Repräsentationsräumen Ausstellungen, im großen Saal im Erdgeschoß, der völlig umgestaltet wurde, finden des Öfteren Tagungen statt.

1030 Wien,
Parkgasse 18 (U3)

56. Einkaufstempel neben dem Dom:

Das Haas-Haus

Der Stephansplatz gilt als ein städtebaulich hoch sensibles Areal – jeder Bau gegenüber dem alten Dom setzt naturgemäß einen wichtigen Akzent. Die Großzügigkeit des Platzes entstand erst im 19. Jahrhundert, als eine Reihe kleinerer Häuser, die den freien Blick vom Graben auf den Dom versperrten, abgerissen wurde. Diese Grabenregulierung von 1864 löste auch einen Neubauboom aus. 1865 erbauten die Architekten Sicardsburg und Van der Nüll für den Unternehmer Philipp Haas

ein Großeinkaufszentrum im Stil eines pompösen Palastes. Im Zweiten Weltkrieg wurde der Platz total zerbombt, fast alle Häuser waren schwer beschädigt, ebenso wie der Dom.

Der Wiederaufbau im Zentrum sollte möglichst rasch erfolgen, eine konsequente Neugestaltung des Platzes musste daher unterbleiben. In diesen Zeiten bedeutete Wiederaufbau allerdings in erster Linie Wiederherstellung, das heißt, es sollten nützliche, zweckmäßige Gebäude entstehen. 1947 kam es zu einer Ausschreibung für ein neues Haas-Haus. Ein Projekt von Josef Frank stieß leider auf wenig Gegenliebe. Realisiert wurde der Entwurf von Carl Appel, der die Fassade des Hauses aus Rücksicht auf den Verkehr ein wenig zurücksetzte. 1953 wurde das in Gemeinschaft mit den Architekten Max Fellerer und Eugen Wörle gebaute Kaufhaus für Vorhänge und Teppiche schließlich fertig.

1978 verkaufte die Familie Haas das Gebäude an Karl Wlaschek, der die

Liegenschaft seinerseits 1984 an ein Bankenkonsortium veräußerte. Ein Jahr später wurde Hans Hollein mit ersten Studien für einen Neubau beauftragt. 1986 erfolgte der Abbruch des Hauses, im Februar 1987 wurde mit einer Ausstellung für den geplanten Neubau geworben. Zuvor hatten Bürgerinitiativen und Architekten versucht, den Abbruch des typischen 50er-Jahre-Bauwerks zu verhindern – allerdings ohne Erfolg.

Holleins Bau, eine Kathedrale der Postmoderne, leider inzwischen im Inneren wesentlich verändert, orientiert sich bewusst an der Exklusivität des Standorts. Luxus – sowohl an Materialien als auch an Raumnutzung – steht im Vordergrund. Die Baukubatur von außen ist wohl sparsam, wirkt aber durch die collageartige Verwendung vielfältiger Formen etwas unruhig. In der nunmehrigen Fußgängerzone gelegen, wurde Holleins Werk stets heftig diskutiert und als theatralisch anmutend geschmäht. Die Einschätzung so mancher, dass der Neubau ein „Museum der Postmoderne", ein „Musterbuch nobler Baumaterialien" sei, liegt nicht ganz daneben.

Das Atrium mit seinen komplexen Raumabfolgen, ein Musterbeispiel postmoderner Architektur, wurde bei einem Umbau zerstört.

Die Nutzung des Hauses, die seinerzeit in einer Vielfalt an noblen Geschäften bestand und so auch der architektonischen Sprache gerecht wurde, wich inzwischen der Innenraumgestaltung eines internationalen Modekonzerns mit seiner typischen Gleichförmigkeit und einem Hotel.

Das nach dem Zweiten Weltkrieg von Carl Appel errichtete Haas-Haus

1010 Wien,
Stephansplatz 10
(1 und U3,
Autobus 1, 2 und 3)

57. Die Ringstraße des Proletariats:

Gemeindebauten am Margaretengürtel

Der Karl-Marx-Hof als „Flaggschiff der Wiener Gemeindebauten" ist weltberühmt – der Höhepunkt der Baukultur des „Roten Wien" liegt aber im fünften Bezirk. Am Margaretengürtel entstand in den zwanziger Jahren des 20. Jahrhunderts eine massive Stadtkante, die den Übergang von der dörflichen Vorstadtverbauung zur alten Blockbebauung der inneren Stadtviertel markiert. An der riesigen Anlage der Gemeindebauten am Margaretengürtel kann man gut die Entwicklung des städtischen Bauwesens verfolgen, wobei die Häuser trotz unterschiedlicher Stile ein harmonisches und geschlossenes Bild bieten.

Das gesamte Ensemble ist ein Musterbeispiel für differenzierte Wohnarchitektur. Erschließungsstraßen wechseln mit Überbauungen, das leicht fallende Gelände ergibt wunderbare Terrassengärten in den abwechslungsreichen Innenhöfen. Vor allem der Reumannhof besticht durch schönes Kunsthandwerk – einfache Materialien wurden zu schlichten, aber geschmackvollen Appliken, Lampen und Gittern verarbeitet.

Der Metzleinstaler Hof (Margaretengürtel 90–96) folgte als erster Gemeindebau noch der Tradition des Wiener Zinshauses, in der zweiten Baustufe wurden aber moderne Kriterien wie die typischen Zugänge von der Hofseite her verwirklicht.

Die Fassaden des Herweghofes (Margaretengürtel 82–88) bilden zum Gürtel ein Portal, das in wohnliche Gartenhöfe führt. Arkadenreihen und eine abgetreppte Hofgestaltung erinnern an historische Palastgärten. Der monumentale Mittelbau des Jakob-Reumann-Hofes (Margaretengürtel 100–110) überragt die anderen flankierenden Wohnblöcke. Mitte der zwanziger Jahre entstand hier mit großer Geste eine Selbstdarstellung des „Roten Wien", erwachsen aus dem Selbstbewusstsein einer starken sozialdemokratischen Arbeiterschaft.

In der „zweiten Reihe" hinter den Gürtelhöfen folgen weitere Objekte derselben Epoche, etwa der Matteottihof (Fendigasse 33–37), das Arbeitsamt der Metall- und Holzindustrie (Embelgasse 2–4), eine Autobusgarage (Siebenbrunnengasse 2) und die Wohnhausanlage Diehlgasse 20–26. Fast alle Bauten wurden im letzten Viertel des 20. Jahrhunderts sorgfältig restauriert. Kaum anderswo in Wien findet man so geballt und eindrucksvoll die erhalten gebliebene Baugesinnung der Zwischenkriegszeit.

1050 Wien, Margaretengürtel 76-110 (Straßenbahnen 6, 18, 62)

58. Flaggschiff des Austromarxismus:
Der Karl-Marx-Hof

Wiens größter und spektakulärster kommunaler Wohnbau, der Karl-Marx-Hof in Döbling, ist zweifellos ein historisches Monument – für die Geschichte der österreichischen Sozialdemokratie, für den sozialen Wohnbau der Stadt Wien und für einen Baustil, der in dieser Qualität und Monumentalität weltweit einzigartig ist. Zwischen 1926 und 1930 von Stadtbaurat Karl Ehn auf billigen Baugründen entlang der Eisenbahn erbaut, erstreckt sich die Anlage über eine Länge von 1,2 Kilometer und umfasst 1.325 Wohneinheiten, jede mit Loggia oder Balkon. Zur Zeit der Eröffnung am 12. Oktober 1930 wohnten etwa 5.000 Menschen in diesem Gemeindebau.

Als die sozialdemokratische Gemeindeverwaltung der Stadt Wien, das „Rote Wien", in den frühen zwanziger Jahren beschloss, ein großzügig dimensioniertes kommunales Wohnbauprojekt zu starten und mit einer Wohnbauabgabe zu finanzieren, herrschte auf der konservativen Seite helle Empörung. Die Steuer war für den Einzelnen deutlich spürbar, der Erfolg aber gab der Gemeinde Wien Recht. Vor allem die sozialen Aspekte der neuen riesigen Wohnanlagen hatten Pioniercharakter. Jede Wohnung verfügte über fließendes Wasser und Toiletten, es gab Gemeinschaftseinrichtungen wie Bäder, Waschküchen und Kindergärten. Bibliotheken und Jugendheime sowie eine dichte Infrastruktur an Geschäften und sonstigen Einrichtungen machten diesen Baukomplex zu einem geschlossenen Lebensraum. Einwände hinsichtlich der Architektur wurden erst später erhoben – sie sei imperial und festungsartig. Diese Argumente sind sicherlich richtig, doch die Gemeindebauten verstanden sich tatsächlich als Wohnpaläste des Proletariats. Die immer wiederkehrenden Behauptungen, dass der Karl-Marx-Hof auch in militärischem Sinn als eine Festung errichtet worden sei, stimmen jedoch keineswegs.

1190 Wien, Heiligenstädterstraße 82 – 92 und Boschstraße 1 – 19 (U4, Straßenbahn D, Autobus 10A und 39A)

Trotzdem kam der Karl-Marx-Hof auch zu trauriger Berühmtheit, und zwar während des Bürgerkriegs 1934. Hier fanden die ersten Zusammenstöße zwischen Schutzbündlern, die sich auf dem Dachboden und in einzelnen Wohnungen verschanzt hatten, und Bundesheer- und Heimwehreinheiten statt. Drei Tage dauerten die Kämpfe an, wobei das

Bundesheer Kanonen einsetzte: Vom noblen Villenviertel Hohe Warte aus wurde der Karl-Marx-Hof beschossen. Die Schutzbündler, die maximal mit einigen Maschinengewehren ausgerüstet waren, mussten schließlich kapitulieren, manchen gelang die Flucht durch das Wiener Kanalsystem.

59. Neues Leben am Gürtel:

Sanfte Stadterneuerung in einer schwierigen Gegend

Mitte der 1980er-Jahre gab es umfangreiche Untersuchungen und Planungen, wie die Wohnproblematik an Wiens stärkst befahrener Straße zu lösen wäre. Wie so oft in Wien wurden zahlreiche Konzepte erarbeitet, Pläne gezeichnet und Modelle präsentiert. Von Untertunnelung war die Rede, von großzügigen Begrünungen, von neuer Wohnqualität – umgesetzt wurde davon allerdings nichts, zu hochfliegend waren die Konzepte, zu teuer und aufwändig.

Um nicht völlig tatenlos zu bleiben, entschied man sich für sanftere Formen der Wiederbelebung – in die großteils leer stehenden alten Stadtbahnbögen sollten neue Lokale einziehen. Mit besserer Beleuchtung und Kunstaktivitäten sollte der brachliegende Raum des Gürtels wieder ins Bewusstsein der Bevölkerung gerückt werden. Und trotz einer zähen Anlaufphase – das Projekt gelang durchaus! Mit EU-Förderung wurde an einigen Stellen erreicht, was sich zehn Jahre zuvor niemand vorstellen hätte können: Eine blühende Lokalszene unter den Bögen der Stadtbahn, spannende Neubauten und Kunstaktionen, die in die benachbarten Bezirke ausstrahlen.

Ein Zeichen setzt sicherlich die neue Hauptbibliothek der Stadt Wien, liebevoll „das Bücherschiff" genannt. Ein Ozeandampfer der Literatur ging am Urban-Loritz-Platz vor Anker, weiße Segel überspannen symbolhaft den früher so unattraktiven Platz. Mitten auf Wiens verkehrsreichster

Straße taucht man in eine stille Oase ein, in deren unendlichen Bücher- und Medienbeständen man ohne große Formalitäten versinken kann. Im Sommer ist die steile Freitreppe zum Bibliothekseingang ein beliebter Treffpunkt und Erholungsraum.

Weiter nördlich, zwischen Thaliastraße und Josefstädter Straße, reiht sich mittlerweile ein Lokal an das andere, vom Britpop-Club „Chelsea" über coole Bars wie das „Loop", vom deftigen Beisl bis zum Avantgarde-Club „Rhiz". Nicht nur die Verkehrsinsel wurde belebt, auch am „Festland", d.h. in den nahen Bezirksteilen dies- und jenseits des Gürtels, sind neue Attraktionen entstanden, wie das „Mezzanin" im „Impulszentrum IP.TWO", eine bunte Bar und ein ruhiger Hafen am steten Verkehrsstrom.

Seit 2000 wird auch das Brunnenviertel rund um den Markt in die neue Lifestylewelt am Gürtel miteinbezogen: Mit „Soho in Ottakring" beleben meist junge Künstler die Geschäftslokale eines Stadtteils, der wie kaum ein anderer von Zuwanderern geprägt ist. Überraschend erfolgreich vermittelt die junge Kunst zwischen Kulturen und Generationen, öffnet Türen und Tore – symbolisch und tatsächlich. Plötzlich hängen moderne Bilder im Kebabstand, absurde kleine Kunstobjekte mischen sich unauffällig-subversiv unter die Waren der Brunnenmarktstandler. Stadtentwicklung ohne Stadtplaner, darauf sind die Initiatoren stolz, und der Bezirk wird wegen der noch geringen Mieten für junge Kreative immer interessanter. In den kleinen Gassen werden Geschäftslokale wiederbelebt, in den Hinterhöfen füllen sich alte Lager mit moderner Kunst und jungen Künstlern, die erfrischend unbeschwert die verstaubten Räume in Besitz nehmen.

(U6, Straßenbahn 2 und 44)

IX. Relikte des Dritten Reichs

60. Geschichte lässt sich nicht verdrängen:
Relikte aus der NS-Zeit

In der Nachkriegszeit waren zahlreiche Häuser noch mit Aufschriften aus der NS-Zeit verunziert. Oft konnte man Abkürzungen wie LSR (= Luftschutzraum) oder LSK (= Luftschutzkeller) lesen, manche Wände waren mit Durchhalteparolen wie „Ein Volk, ein Reich, ein Führer" oder aber mit Hakenkreuzen beschmiert. All das wurde – sobald es die Verhältnisse erlaubten – von den Hauseigentümern entfernt oder übermalt. Doch im Laufe der Jahre macht sich Geschichte oft wieder bemerkbar, wird an den Hauswänden sichtbar, vielleicht auch, weil sie nicht gründlich genug entfernt worden war. Vielen dürften die in der NS-Zeit so beliebten Abkürzungen 60 Jahre nach dem Krieg keine Begriffe mehr sein und sie werden daher achtlos an solchen „Zeitzeugen" vorübergehen.

In der nach einem Seidenfabrikanten und Stifter einer Mädchenfortbildungsschule benannten DIEHLGASSE wurde 1938 ein Wohnhaus errichtet, das als „Kunst am Bau" ein zeittypisches Wandfresko von Rudolf Böttger aufweist: Eine Familie mit vier „arischen", das heißt blonden Kindern, der ältere Sohn in HJ-Uniform, die Hakenkreuzfahne schwenkend. Nach dem Krieg wurde das Hakenkreuz entfernt, aber die für die NS-Zeit doch stereotype Familiensituation wurde belassen. Über Jahrzehnte hinweg waren die Passanten an den Anblick dieses Wandfreskos gewöhnt, und kaum jemand dachte mehr an den politischen Hintergrund. Schließlich jedoch mehrten sich die Stimmen, die auf die

Entstehungszeit dieses angeblichen Kunstwerkes hinwiesen und zumindest verlangten, es nicht mehr als „Kunst" zu betrachten – abgesehen vom tendenziösen Inhalt.

Schließlich fand man eine sehr elegante Lösung, die über die Herkunft und die Ideenwelt des Wandgemäldes Auskunft gibt. Nach einer Befragung der Hausbewohner wurde die Künstlerin Ulrike Lienbacher in den 90er-Jahren damit beauftragt, das Machwerk umzugestalten. Sie rückte vor das Bild eine Glaswand, in die spiegelverkehrt das Wort „Idylle" eingraviert ist. Damit wurde ein Denkmal zum Nachdenken geschaffen, das sich nicht von der Geschichte distanziert, indem es Spuren beseitigt und Geschehnisse verschweigt, sondern verantwortungsvoll mit den Inhalten umgeht und sie durch deren Brechung entsprechend hinterfragt.

*1050 Wien,
Diehlgasse 14–16,
Ecke Brandmayergasse
(Autobus 12A)*

61. Außen hui – innen pfui:

Die Gründerzeitfassaden nach dem Zweiten Weltkrieg

Die Gründerzeit war eine Phase des raschen wirtschaftlichen Aufstiegs, die Industrie boomte, sie hatte größten Bedarf an Arbeitskräften, die aus allen Teilen der Monarchie nach Wien strebten. Die Arbeiter mussten mit Wohnraum versorgt werden, den sie auch schnell in Billigquartieren fanden. Die etwas arriviertere Bevölkerung suchte aus den Substandardwohnungen herauszukommen und bessere Wohnungen zu finden. Daher erfreute sich auch die Bauwirtschaft einer hohen Konjunktur – vor allem in den Vorstädten und Vororten wurde enorm viel gebaut. Bevorzugter Stil war der Historismus.

Diese Urbanisierung führte zur Errichtung von zahllosen Mietskasernen, die jedoch prunkvoll erscheinen sollten, das heißt, sie sollten im Aussehen nicht hinter den Ringstraßenpalais zurückstehen. So wurden sie durch reich geschmückte Fassaden verschönt – dass ihre Bewohner schlechte Grundrisse, Gangtoiletten und Bassena vorfanden, war bereits sekundär. Schön und repräsentativ musste das Haus sein. Es war auch nicht sehr teuer, den Fassadenschmuck herzustellen, denn er wurde größtenteils industriell aus Zement vorgefertigt. Es gab also keine Säulen, Atlanten und Fenstergiebel aus Stein, sondern eben nur aus Zement. Dieses Missverhältnis von Schale und Kern wurde von Stadtplanern schon vor dem Ersten Weltkrieg kritisiert. Nach dem Ersten Weltkrieg stagnierten die privaten Bauvorhaben, lediglich die Gemeinde Wien baute – ebenso großräumig und imposant, aber doch den neuen Bauformen und Ideen wie denen eines Adolf Loos gegenüber aufgeschlossen.

Nach dem Zweiten Weltkrieg war vieles von der Pracht der Gründerzeit durch Bomben und andere Kriegsschäden dahin, die Fassaden waren zerschossen, die Gesimse abgefallen, die Bauplastiken nur mit Mühe zu restaurieren. So setzten sich in der ersten Phase des Wiederaufbaus Kargheit und Sparsamkeit durch, wodurch weitere zahllose Fassadenelemente der Gründerzeit verloren gingen: Sie wurden abgeschlagen, die Häuser ihrer Verzierungen beraubt. Doch ohne Schnörkel und nur auf Funktion bedacht, konnten sie die ästhetischen Bedürfnisse der Menschen nicht befriedigen. Trotzdem blieben die nackten Fassaden stehen, Gründerzeithäuser mit seinerzeit mehr als drei Metern Raumhöhe wurden durch ein zusätzliches Stockwerk mit geringerer Raumhöhe verschandelt, was aber höhere Mieterträge sicherte. Zusätzlich wurden die Sockelzonen durch den Einbau moderner Geschäftsportale total entstellt. Es schien, als habe die Ornamentfeindlichkeit der Zeit nach dem Ersten Weltkrieg endlich gesiegt.

Doch in den 70er-Jahren kehrte mit der Wertschätzung des Historismus auch das Ornament wieder, die alten Fassaden wurden entsprechend restauriert, statt durchgehend grauer Fadesse wurden die Häuser wieder farbig verputzt. Das Bild der Zinskasernen veränderte sich zum Positiven, vor allem, weil man daranging, sie auch im Inneren zu sanieren. So wurde durch die Altstadtsanierung einem Bausubstanzverlust gegengesteuert – alles konnte allerdings nicht mehr gutgemacht werden.

62. Für die Ewigkeit gebaut:
Die Flaktürme

1942 tauchten die ersten Pläne für den Bau riesiger Geschütztürme für die Fliegerabwehr auf. Friedrich Tamms erbaute die „Schießdome" (laut NS-Propaganda) nach dem Vorbild mittelalterlicher Kastelle – allerdings aus Stahlbeton, sollten die architektonischen Ungetüme doch für die Ewigkeit halten. Sie sind tatsächlich fast unzerstörbar, vor allem weil sie in dicht verbauten Wohnvierteln liegen, wo eine Sprengung aussichtslos ist. 1944, rechtzeitig vor den massiven Luftangriffen auf Wien, waren sechs von den ursprünglich neun geplanten Wiener Flaktürmen fertig. Je zwei gehörten taktisch zusammen: ein Feuerleitturm, der mit einem hoch empfindlichen Radar-Ortungssystem, dem so genannten „Würzburg-Riesen", ausgestattet war, und ein Geschützturm. Laut NS-Nachkriegsplanung sollten die Türme – nach dem erwarteten Sieg – mit Marmor verkleidet als Erinnerungsstätten erhalten bleiben.

Die Turmpaare stehen im Arenbergpark (3. Bezirk), im Hof der Stiftskaserne im 7. Bezirk und im Esterházypark (6. Bezirk) sowie im Augarten (2. Bezirk). Durch ihre Positionierung verschandeln sie das gesamte Stadtbild, sie stehen quer zu traditionellen Sichtachsen und behindern den Blick auf Barockpalais und prachtvolle Bürgerhäuser.

Die Türme weisen eine Höhe von rund 40 Metern und einen Durchmesser von 37 Metern auf, ihre Fundamente sind rund fünf Meter in die Erde versenkt. Die Geschütztürme waren wegen des Austausches von Gefechtsdaten alle gleich hoch. Die Mauern bestehen aus bis zu drei Meter starkem Eisenbeton. Während der Luftangriffe konnten sie etwa 40.000 Menschen aufnehmen, die in den spärlich beleuchteten, ziemlich feuchten Räumen mit schlechter Luft

Zuflucht suchten. Obwohl die Flaktürme letztlich keine effektive Abwehr gegen die feindlichen Bomben waren, kam ihnen ein hoher psychologischer Stellenwert zu – als Inbegriff des Verteidigungswillens trugen sie dem Sicherheitsbedürfnis der Bevölkerung Rechnung.

Nach dem Zweiten Weltkrieg wurde versucht, einen Turm im Augarten zu sprengen. Allerdings vergeblich. So blieben alle stehen – als unangenehme und hässliche Mahnmale. Teils haben sie Nachnutzungen gefunden, wie der Turm in der Stiftskaserne, der für militärische Zwecke adaptiert wurde, oder der Esterházyturm, der seit 1959 das Haus des Meeres beherbergt und sich auch als städtische Kletterwand nützlich erweist. Die Türme im Arenbergpark sind über die Jahre ungenutzt geblieben, sie sind verfallen und zu Taubennistplätzen verkommen.

Pläne für diverse Projekte rund um die Türme gab es viele – vom Museumsdepot über ein Archivlager bis zu kuriosen Hotelbauten, die oben um den Betonkern angebaut werden sollten. Sogar die Errichtung eines Kaffeehauses bzw. einer Champignonzucht wurde erwogen, und der bulgarische Künstler Christo wollte in seiner international bekannten und geschätzten Manier den Esterházyturm einpacken. Viele dieser teils ansprechenden Ideen scheiterten jedoch an ihrer Finanzierung. Tatsächlich nützt derzeit das Museum für angewandte Kunst (MAK) den Geschützturm des Arenbergparks als Depot und temporären Ausstellungsraum. Museumschef Noever würde sich auch viel von einem CAT (= Contemporary Art Tower) versprechen. Für einen solchen Zweck wären die Türme ideal, ist ihr Inneres doch temperaturkonstant, staubfrei und – einbruchssicher. Über die Nutzung des zweiten Turms im Arenbergpark als höchstsicheres Datencenter wird noch mit der Gemeinde Wien verhandelt. Die beiden Türme im Augarten harren noch einer vernünftigen Nutzung.

1020 Wien, Augarten (Straßenbahn 31 und Autobus 5A);
1030 Wien, Arenbergpark (Autobus 4A);
1060 Wien, Esterházypark;
1070 Wien, Stiftskaserne (beides U3 Neubaugasse)

X. Kaffeehäuser mit Tradition

63. Treffpunkt der Genies und Revolutionäre:
Das Café Central

Das Café Central, wahrlich als eine Wiener Institution zu bezeichnen, wurde 1868 im Gebäude der Österreichisch-Ungarischen Bank eröffnet, das von Heinrich von Ferstel erbaut worden war. Bald wurde es zu einem der Lieblingsaufenthaltsorte von Dichtergenies und passionierten Zeitungslesern, die einerseits diskutieren, anderseits stundenlang allein unter Menschen sein wollten.

Drei dieser typischen und doch so unterschiedlichen Kaffeehausbesucher seien hier herausgegriffen:

Der Prototyp des Kaffeehausliteraten war zweifellos Peter Altenberg, legendenumwoben, ein Inbegriff des Fin-de-Siècle-Poeten. (Übrigens hat er selbst eifrig an diesem Image gearbeitet.) Als Meister der knappen literarischen Skizze, als Beobachter und literarischer Dokumentar der Welt des Kaffeehauses ist er aus der Literaturgeschichte der Jahrhundertwende nicht wegzudenken. Im Kosmos des Cafés fand er seine Themen, hier lebte er und hier begegnete er seinen Sponsoren. Er, der vom Kunstwerk „Frauenleib" schwärmte und diesen in Hunderten von

Postkarten und Bildern sammelte, führte vor allem in späteren Jahren das Leben eines Schnorrers und Habitués der Kindfrauen. Noch heute sitzt er als Pappmachéfigur in seinem Stammcafé.

Leo Dawidowitsch Bronstein, der unter dem Namen Trotzki Weltgeschichte schrieb, lebte von 1907 bis zum Beginn des Ersten Weltkriegs in Wien. Er war ein geselliger Mann, der, so oft er es sich leisten konnte, ins Café Central ging. Hatte dieses doch für einen revolutionären Emigranten den unglaublichen Vorteil, dass hier 251(!) in- und ausländische Tageszeitungen auflagen. Trotzki konnte sich so über alle Ereignisse in der Welt informieren, wie darüber berichtet wurde und was die Menschen dachten. Als der Erste Weltkrieg ausbrach, wandte sich Trotzki an Victor Adler, fuhr mit ihm zum Wiener Polizeipräsidenten Edmund Gayer und fragte ihn, was er denn – in seiner stadtbekannten Funktion als Revolutionär – nun tun solle. Gayer riet zur sofortigen Abreise. Eine österreichische Methode – Revolutionäre werden entsorgt!

Ein völlig anderer und wahrhaft tragischer Typ war der zornige Poet Otfried Krzyzanowski. Ein literarisches Denkmal seines bescheidenen, geradezu armseligen Lebens hinterließen seine Kaffeehausfreunde, etwa Franz Werfel oder Franz Blei, die ihn als hässlichen, vom Leben bitter enttäuschten Dichterling beschrieben, der das Café aufsuchte, um barsch und fordernd Geld zu erbetteln, nein: wie eine Tributzahlung einzufordern! Wenige seiner literarischen Zeugnisse sind überliefert, manche Jahre seines Lebens noch unerforscht. Als er im Spätherbst 1918 längere Zeit nicht ins Kaffeehaus kam, suchten seine Dichterkollegen seine elende Bleibe auf und mussten erfahren, dass er schlichtweg verhungert war. Als „Gespenst der Hungersnot" des Jahres 1918 ging er in die Literatur ein, nicht aber mit seinen eigenen Werken.

*1010 Wien,
Herrengasse 14
(U 3, Autobus 1)*

64. Legendäre Szenelokale in Hietzing:

Café Dommayer und Casino Dommayer

Sowohl das Casino als auch das Café Dommayer spielten im Vergnügungsleben von Hietzing eine große Rolle. 1787 hatte ein Kellner namens Dick ein Kaffeehaus vis-à-vis vom Kaiserstöckl in Hietzing erbaut, das sich als Ausflugslokal großer Beliebtheit erfreute. Schon 1815 wurde eine Stellwagenverbindung von der Innenstadt nach Hietzing eröffnet; ihre Endstation lag beim Gemeindewirtshaus neben der Kirche. Da die kaiserliche Familie im Sommer in Schloss Schönbrunn Residenz nahm, hatten sich auch viele Hofbedienstete und Adelige in

diesem Bezirk angesiedelt, die das Lokal gerne aufsuchten. Seit 1817 befand sich das Kaffeehaus im Besitz der Familie Reiter; der Seniorchef übergab 1823 an seinen Schwiegersohn Dommayer, der eigentlich von Beruf Kammmacher war. Doch da er mit dem Café äußerst erfolgreich war, erwarb er 1832 die Nachbarliegenschaften und baute großzügig aus. Josef Leistler errichtete für ihn ein prachtvolles Casino mit einem großen Ballsaal. Damit begann in Hietzing die Glanzzeit der großen Feste und Bälle. Da gab es „Millefleursbälle", Rosenfeste oder Joseph Lanners Subskriptionsbälle und Wiener Reunionen, im Fasching wurden „Täuberlbälle" veranstaltet. Lanner und Johann Strauß Vater spielten zum Tanz auf, und erstmals erklang hier Lanners Walzer op. 200 „Die Schönbrunner". Am 22. März 1843 trat er zum letzten Mal auf, einen Monat später verstarb er.

Am 15. Oktober 1844 fand hier das glanzvolle Debüt von Johann Strauß Sohn statt – zum Ingrimm des Vaters, der von der Musikerkarriere des Sohnes nichts hatte wissen wollen. Nach Ferdinand Dommayers Tod 1858 übernahm sein Sohn Franz den Betrieb, er war mit Katharina Scherzer, der Tochter des legendären Sperlwirts in der Leopoldstadt verheiratet. 1907 musste das alte Haus abgerissen werden. An seiner Stelle errichtete ein neuer Besitzer den Bau des jetzigen Parkhotels.

Doch der Name Dommayer, der in der Wiener Vergnügungsszene einen

guten Klang hatte, ging nicht unter. Nach dem Ersten Weltkrieg eröffnete 1924 die Familie Schneider in der Dommayergasse ein Kaffeehaus gleichen Namens mit einem Musikpavillon im Garten, doch schon 1931 zwang die schlechte Wirtschaftslage die Besitzer zum Zusperren. Nach 1938 wurden noch einige banale Filme in den Räumlichkeiten gedreht, nach dem Zweiten Weltkrieg war im einstigen Lokal eine Polizeidienststelle untergebracht.

1963 eröffnete die Familie Gerersdorfer wieder ein Kaffeehaus, das auch die „Espressozeiten" und die „roaring sixties" überdauern konnte. Mitte der 80er-Jahre wurde auf nostalgisch renoviert und seitdem floriert das „Dommayer" in Hietzing. Im Sommer lockt es mit einem prachtvollen und ruhigen Garten, in dem auch immer wieder kulturelle Veranstaltungen stattfinden. Beliebt bei der Jugend als Rendezvouslokal und bei der älteren Generation als geruhsamer Ort zum Kartenspielen und Zeitunglesen, ist das Dommayer nun schon über Jahrzehnte ein großer Erfolg. 2006 übertrug die Familie Gerersdorfer das Kaffeehaus an die Kurkonditorei Oberlaa, die mit ihren wunderbaren Mehlspeisen die kulinarische Palette wesentlich erweiterte.

1130 Wien, Hietzinger Hauptstraße 10 – 14 und Dommayergasse 1 (U4 und Straßenbahn 58 und 60)

65. Zu Grabe getragen und wieder auferstanden:

Café Griensteidl

Das legendäre Café wurde 1844 vom Apotheker Heinrich Griensteidl, der auch eine Kaffeehauskonzession besaß, in der Bibergasse gegründet. 1847 eröffnete Griensteidl ein neues Lokal im Palais Herberstein am Michaelerplatz. Wegen seiner Nähe zum alten Burgtheater war das Café Griensteidl bald der Treffpunkt der Wiener Literaten und Schauspieler. Im Jahr 1848 lag das Kaffeehaus im Zentrum der Ereignisse, ging doch die Revolution vom Hof des nahe gelegenen niederösterreichischen Landhauses in der Herrengasse aus. Kurzfristig wurde das Kaffeehaus sogar in Nationalcafé umbenannt. Bereits in den fünfziger Jahren des 19. Jahrhunderts strömten die Besucher auch wegen der zahlreichen aufliegenden in- und ausländischen Zeitungen ins Griensteidl, nach der Renovierung von 1858 sprach man in Wiener Blättern von einem „Feenpalast".

Im Café Griensteidl trafen sich die Arbeiterführer Andreas Scheu und Heinrich Oberwinder, zu den Stammgästen zählte der Führer der österreichischen Sozialdemokratie Victor Adler, der gerne im Kartenzimmer tarockierte, ebenso wie der deutschnationale Politiker Georg von Schönerer.

Gegen Ende des Jahrhunderts traf sich im Griensteidl der Literatenkreis „Iduna", eine Gruppe konservativer Schriftsteller, der u. a. Richard Kralik, ein ungewöhnlicher Vielschreiber, angehörte. Im Griensteidl verkehrten auch die Autoren von „Jung-Wien". Das war die jüngere Generation an Schriftstellern, die das literarische Leben der künftigen Jahrzehnte prägte. Namen wie Hermann Bahr, Arthur Schnitzler, Hugo von Hofmannsthal, Peter Altenberg, Karl Kraus und Felix Salten lassen an einen literarischen Who is who denken. In der Nacht vom 20. auf den 21. Jänner 1897 wurde das Kaffeehaus geschlossen,

da das gesamte Gebäude der Spitzhacke zum Opfer fiel. Karl Kraus schrieb dazu die Satire „Die demolirte Litteratur", in der er meinte: „Wien wird zur Großstadt demolirt". Er machte sich aber auch in beißender Ironie über die künftigen Literaturheroen des „Jung-Wien"-Kreises lustig: „ … Schnitzler, der das Vorstadtmädel burgtheaterfähig gemacht hat" oder Hermann Bahr, „… der so tat, als ob Weimar und nicht Urfahr die Vorstadt von Linz wäre …".

Die heimatlos gewordenen Literaturgrößen wanderten ins Café Central und ins Café Herrenhof ab, die ihrerseits wieder einen legendären Ruf erwarben.

Zu Ende des 20. Jahrhunderts, als das große Kaffeehaussterben aufhörte und man sich wieder der Meriten eines Kaffeehauses besann, eröffnete 1990 die Tochtergesellschaft einer Großbank wieder ein Café Griensteidl, das sich schnell als nobler Innenstadttreff etablierte. Wie im alten Griensteidl liegen auch im neuen Kaffeehaus alle Bände von Meyers Konversations-Lexikon auf, zahlreiche in- und ausländische Tageszeitungen stehen den Gästen zur Verfügung. Es wird von Touristen gerne als Inbegriff eines Wiener Kaffeehauses besucht.

1010 Wien,
Herrengasse 1 – 3,
Schauflergasse 2
(Autobus 1)

66. „Das Milieu der fließenden Übergänge":
Die Herrenhof-Saga

Der Grandseigneur des Wiener Journalismus, Milan Dubrovic prägte in seinen 1985 erschienenen Erinnerungen „Die veruntreute Geschichte" für das Kaffeehaus den Ausdruck vom „Milieu der fließenden Übergänge". Es ist jener Ort, wo Parteiungen nur bedingt eine Rolle spielen, wo die Trennungen zwischen Denkschulen nicht so scharf vorgenommen wurden. Vielmehr schuf das Kaffeehaus jenes Mikroklima, in dem jeden Abend bis in die frühen Morgenstunden jene flüchtigen Höhenflüge des Geistes sich ereigneten, die für die intellektuelle Szene der Zwischenkriegszeit in Wien so entscheidend waren. Das Zentrum, das Auge des Taifuns für die kulturellen Abenteuer der Zwischenkriegszeit war nicht mehr das legendäre Café Central der Vorkriegszeit, sondern das erst 1918 eröffnete, etwa 100 Meter entfernte, Café Herrenhof, in das die intellektuellen Zirkel geschlossen ausgewandert waren, sogar unter „Mitnahme" beliebter Kellner.

Im großen Saal des Herrenhof, in den Logen saßen nun unter einer Glaskuppel die literarischen Kreise, teils streng getrennt, teils durch von Loge zu Loge vazierende freie Geister durchmischt. Die Liste der Literaten, die das Herrenhof bevölkerten, liest sich wie ein Who is who

des poetischen Lebens, hier verkehrten ein Max Brod, ein Heimito von Doderer, ein Elias Canetti, Hermann Broch und der ständig unter Geldnöten leidende Robert Musil, Franz Werfel und Leo Perutz, Franz Kafka und Alfred Polgar. Im Hinterzimmer zur Wallnerstraße hinaus residierten die leidenschaftlichen Bridgerunden der Wiener Bankiers und Industriellen. Von ihnen berichtet Dubrovic, dass sie manchen Gewinn den „Schnorrern" im großen Saal überließen. Einer der großzügigen Spender war der Vater des späteren Bundeskanzlers Bruno Kreisky.

Das Herrenhof, eine Oase des Geistes, erlebte eine Hochblüte, als die junge Republik Österreich mühsam ums politische und wirtschaftliche Überleben kämpfte. Hier wurden intellektuelle Großtaten angedacht, deren sich das heutige Österreich noch zu Recht rühmt.
Nicht nur die Literatur wurde im Herrenhof leidenschaftlichen Diskussionen unterzogen, auch die Erforscher der Seele wie Alfred Adler präsentierten in dieser debattierfreudigen Atmosphäre ihre neuen Ideen. Ein regelmäßiger Gast an Adlers Stammtisch war Manès Sperber. Wer sich durch hohe Bildung auszeichnete, intellektuell höchst interessiert war und eine lebhafte Debattierlust an den Tag legte, der hatte die Chance, in eine der Runden Aufnahme zu finden. Dubrovic, der seit 1922 zu den regelmäßigen Gästen des Hauses zählte, meinte, dass „das Café … ein Ort, um das Denkhandwerk zu erlernen" gewesen wäre. Er wurde auch der Chronist der Herrenhof-Saga. Wie kein anderer der großen Literaten hat er liebevoll die Aura des Ortes eingefangen. Im großen Saal des Herrenhof, dessen Interieur als nobel und gediegen beschrieben wurde, gab es eine traditionelle Sitzkassierin, die alles überwachte. 1938 wurde das Kaffeehaus arisiert, nach dem Krieg wieder eröffnet, konnte sich aber nur bis 1961 halten. Von 1967 bis 2006 fristete es als ein bescheidenes Espresso ein Schattendasein. Mit 1. Dezember 2008 wurde nach einer sorgfältigen Restaurierung wieder, eingebettet in das Gesamtkonzept eines Nobelhotels, ein Kaffeehaus eröffnet. Ein Schatten vergangener Größe…

*1010 Wien,
Herrengasse 10
(Autobus 1)*

XI. Freizeit-paradiese und Vergnügungs-stätten

67. Pferderennen, „wie es in England und Frankreich sehr berühmt":

Die Freudenau

Peter Suchenwirt beschreibt im 14. Jahrhundert die „Vreudenau" als Turnierplatz. Im 18. Jahrhundert sind auf der Simmeringer Haide Pferderennen „wie es in England und Frankreich sehr berühmt" abgehalten worden, so berichtet zumindest das „Wiennerische Diarium" 1778. Durch den Durchstich des Donaukanals 1832 wurde der große Wiesenplatz der Freudenau von der Simmeringer Haide abgetrennt und wird seither zum Pratergelände gerechnet.

In Wien erfreuten sich die Pferderennen, an denen auch englische Profis beteiligt waren, bald großer Beliebtheit. Stattliche Gewinne wurden mit Wetten erzielt. 1839 wurde die „Wiener Pferderennen-Gesellschaft" gegründet, 1866 folgte der Österreichische Jockeyklub, der im Mai 1867 mit jährlichen Rennen begann. Schon 1868 waren die beiden Vereine fusioniert. Ab diesem Jahr veranstalteten sie das Österreichische Derby. Vor allem ungarische Adelsfamilien wie Hunyadi, Esterházy, Batthyány und Nádasdy oder die Familien Liechtenstein und Trauttmansdorff frönten dem keineswegs billigen Pferderennsport.

Schon 1858 gab es Besuchertribünen, 1872 wurde kein Geringerer als Carl von Hasenauer – er zeichnete auch für den Generalplan der 1873 stattfindenden Weltausstellung verantwortlich – mit einem Neubau beauftragt. Er errichtete eine filigrane und elegante Tribünenanlage, von der aus man einen wunderbaren Blick auf die 2,8 km lange Galoppbahn und auf die Prateraune hat. Nach einem Brand stellten die Brüder Anton und Josef Drexler in den Jahren 1885 bis 1887 den ursprünglichen Zustand wieder her.

Mehr als ein Jahrhundert gehörten Rennen wie das „Große Freudenauer Handikap" oder das „Graf-Nikolaus-Esterházy-Memorial" zu den Fixterminen des europäischen Rennkalenders. Zwischen 1983 und 1986 erfolgte eine fachgerechte Restaurierung der Tribünen, auch ein Reitverein wurde 1991 gegründet. Doch die mondäne Welt der Rennveranstaltungen ist mangels Nachfrage nicht mehr in der Freudenau zuhause. Heute wird ein Teil des riesigen Areals als Golfplatz genutzt.

1020 Wien,
Rennbahnstraße
(Autobus 77a, U3)

68. Einst ein Ort der Wellness, heute Kult-Location:

Die Sofiensäle

Der Tuchscherer (= alte Bezeichnung aus dem Textilgewerbe) Franz Morawetz ließ auf Anraten eines russischen Offiziers 1838 ein Russisches Dampfbad, das Erste dieser Art in Wien, errichten. Als Baumeister zeichnete Josef Gerl verantwortlich. Nachdem eine Kammerfrau der Erzherzogin Sophie, der Mutter von Kaiser Franz Joseph, in diesem Bad Heilung gefunden hatte, wurde es Sofienbad genannt, und damit war der Durchbruch geschafft. Es begann eine mehr als 150 Jahre währende Erfolgsgeschichte, die in der Unterhaltungsbranche fast einzigartig ist: Denn was als Bad begann, lebte als beliebter Konzert- und Veranstaltungssaal fort. 1845 bis 1849 erfolgte eine großzügige Erweiterung des Gebäudes durch August Sicard von Sicardsburg und Eduard van der Nüll. Das Schwimmbecken wurde überdacht, der große Saal als Ballsaal durch den Einbau von Galerien und Logen adaptiert. Schon 1848 gastierte hier Johann Strauß Vater, in der Folge traten alle beliebten Tanzorchester der Monarchie auf.

Die Geschichte der Sofiensäle weist aber auch schwarze politische Flecken auf. Am 22. März 1912 hielt der deutsche Schriftsteller Karl May wenige Tage vor seinem Tod einen Vortrag mit dem Titel „Empor ins Reich des Edelmenschen", in dem er seine etwas krausen Weltverbesserungsideen zum Besten gab. Im Publikum saß ein erfolgloser Kunststudent namens Adolf Hitler – er hatte sich für diesen Anlass einen Anzug ausborgen müssen –, der von Mays Darlegungen tief bewegt war und die Ideen seinem eigenen seltsamen Weltbild einverleibte. So erscheint es nur logisch, dass am 4. Mai 1926 in diesem Haus die österreichische NSDAP gegründet wurde. 1938 wurde es zum Ort des Schreckens für jene jüdischen Wiener, die von dort den Weg in die Deportation antreten mussten.

Erst nach dem Zweiten Weltkrieg fanden die Sofiensäle wieder zu ihrer wahren Bestimmung: Es gab Bälle, Konzerte und Theaterveranstaltungen während der Wiener Festwochen, selten gespielte Opernwerke und Tanzperformances begeisterten das Publikum. Weniger bekannt ist, dass in diesem Haus viele Schallplatten, vor allem der Philharmoniker, aufgenommen wurden, denn es hatte eine hervorragende Akustik: Das überdeckte Schwimmbecken, das eine unterirdische Verbindung zum Donaukanal hatte, war ein idealer Resonanzboden für Musikproduktionen.
Von den Clubbings der neunziger Jahre haben Fans in allen Tonarten geschwärmt! Am 16. August 2001 fiel der legendäre Bau einem Schwelbrand zum Opfer, nur die Fassade und traurige Mauerreste blieben stehen. Aus den Mauerresten wachsen bereits Bäume. Wie es mit dem Haus weitergehen soll, von dem im Grunde nur die Fassade erhalten blieb, ist inzwischen geklärt. 2011 fiel die Entscheidung, den denkmalgeschützten Bau in ein Hotel bzw. Wohnhaus umzubauen. Der Neubau wurde unter Erhaltung der historischen Hauptfassade 2013 fertiggestellt.

1030 Wien, Marxergasse 17 (U3 und U4)

69. Der kleine Bruder des Volkspraters:

Der böhmische Prater

Ab der Mitte des 19. Jahrhunderts siedelten sich in der Nähe der Ziegelteiche beim Laaerwald viele Arbeiter an, die zumeist aus den Kronländern Böhmen oder Mähren kamen, eben die „Ziegelböhm". Ein erstes Ausflugsgasthaus entstand aus einer Werkskantine der großen Ziegelei, in der ein Großteil dieser Leute beschäftigt war. Später wurden kleine Belustigungen für die böhmischen Arbeiter und ihre zahlreichen Kinder angeboten. So nimmt es nicht Wunder, dass dieser kleine Vergnügungspark den Namen „Böhmischer Prater" erhielt – und er besteht seit 1885.

Die Überschaubarkeit dieses Areals, die alten Hutschen, Karusselle und Schießbuden versprühen heute einen nostalgischen Reiz, der viele Besucher anlockt. Es waren immer arme Leute, die den Böhmischen

Prater bevölkerten. So konnten auch die Ringelspielbesitzer nicht reich werden und daher ihre alten Geräte auch nicht gegen die modernen technischen Wunderwerke austauschen. Zwar wurde der Böhmische Prater im Zweiten Weltkrieg bei einem Luftangriff im Dezember 1944 völlig zerstört, doch nach und nach wurde er wieder aufgebaut. Vor allem die Kinder lieben die alten Ringelspiele – das älteste ist 100 Jahre alt –, und die berühmte Raupe hat auch schon 80 Jahre auf dem Buckel. Auch die Ringelspielorgel ist noch ein Original aus der Anfangszeit und wurde nicht durch einen Lautsprecher abgelöst, der Rockmusik brüllt. Es gibt keine Glücksspielautomaten, sondern nur Spaß für alle – und das pur.

Inzwischen haben aber doch auch durchaus moderne Vergnügungseinrichtungen Einzug gehalten, ein Jumpin' Tower, ein Rockin' Tug und ein Samba Tower, auch manch kleinere mondäne Attraktion hat sich zwischen die alten Buden gemischt, doch hält sich diese Modernisierung immer noch in Grenzen.

1100 Wien, Urselbrunnenweg/ Laaerbergstraße (Straßenbahn 6 und 67, Autobus 15A und 68A)

Seit 1998 kümmert sich ein Förderverein um den Böhmischen Prater. Er versucht zwischen nostalgischen Einrichtungen und modernen Veranstaltungen die Balance zu wahren. Eine nahegelegene Minigolfanlage, eine gedeckte Veranstaltungshalle und eine offene Tribüne für den Sommer ziehen vor allem Publikum aus der Umgebung in diesen Naherholungsbereich.

70. Hollywood am Laaer Berg:

Das Filmteichgelände

In der zweiten Hälfte des 19. Jahrhunderts, als in Wien ein Bauboom herrschte, verkauften sich die Lehmziegel, die am Laaer Berg erzeugt wurden, „wie die warmen Semmeln". Als die Ziegelproduktion zurückging, blieben einige Teiche erhalten, die in dem unverbauten Gebiet zu einem landschaftlich sehr attraktiven Erholungsgebiet wurden.

Nach dem Ersten Weltkrieg versuchte der Adelige Sascha Graf Kolowrat eine österreichische Filmindustrie aufzubauen und die Ziegelteiche kamen kurzfristig zu Filmehren.

Als die „Saschafilm" – ganz nach amerikanischem Vorbild – 1922 einen Monumentalfilm über das biblische Sodom und Gomorrha drehte, wurde bei den Teichen eine ganze Filmstadt errichtet. Nicht nur Kulissen wurden gebaut, sondern ganze Tempelanlagen, die dann spektakulär

zusammenbrachen. Um die Aufnahmen möglichst realistisch drehen zu können, wurde wochenlang bei den Filmteichen gearbeitet. Für die Schauspieler und das übrige Team, wie Kostümverwaltung und Maskenbildner, wurden eigens Baracken errichtet. Natürlich legte man elektrische Leitungen, Telefone durften nicht fehlen. Auch eine spezielle Wasserleitung für die Filmstadt musste verlegt werden.

Die Filmbaumeister errichteten ein 25 Meter hohes Stadttor, das riesige Standbild der Göttin Astarte ragte zehn Meter in die Höhe. Alles in Allem wurden 35 Millionen Kronen für die Bauten ausgegeben. Eine riesige Summe, auch wenn sich Österreichs Wirtschaft schon am Beginn einer Inflation befand. Der Regisseur des Filmes war Michael Kertész, der später unter dem Namen Michael Curtiz in Amerika noch große Karriere machen sollte. Für den Film „Sodom und Gomorrha" wurden angeblich 3.000 Statisten eingesetzt. Was diese Verdienstmöglichkeit in jenen Zeiten hoher Arbeitslosigkeit bedeutete, muss man nicht extra betonen. Aber: Geld spielte keine Rolle, Authentizität war gefragt. So wurde in Wien nach Exoten gesucht, weil man die hiesigen Statisten nicht auf asiatisch oder afrikanisch schminken wollte. Im letzten Jahrzehnt wurde der Film mühsam aus Einzelteilen rekonstruiert, denn mehr ist von dem Werk nicht mehr erhalten.

Zwei Jahre später wurde bei den Filmteichen noch der Streifen „Die Sklavenkönigin" gedreht – dann war Schluss mit der florierenden Filmindustrie. Die Zeit des monumentalen Stummfilms war vorbei, das Filmteichgelände wurde von der Natur zurückerobert.

1100 Wien, östlich der Laaer Berg-Straße (Autobus 15A, 68A)

71. Kronprinz Rudolfs Lieblingsheuriger:

„Zur güldenen Waldschnepfe"

Das Wirtshaus „Zur güldenen Waldschnepfe" war ein beliebtes Ausflugsziel der Wiener. Schon seit dem 17. Jahrhundert gab es hier einen Einkehrgasthof, 1883/84 erfolgte der Neubau im altdeutschen Stil. Normale Sterbliche fuhren mit dem Stellwagen oder der Glöckerlbahn, wie die erste Pferdetramway genannt wurde, nach Dornbach. So ein prominenter Besucher wie Kronprinz Rudolf hatte natürlich seinen Leibfiaker, den Herrn Josef Bratfisch. Rudolf schätzte Bratfisch, dem er den Spitznamen „Nockerl" gegeben hatte, nicht nur wegen seiner Diskretion, sondern auch wegen seiner sängerischen Qualitäten. Denn Bratfisch pflegte in der „Waldschnepfe" gemeinsam mit den „Schrammeln" Wiener Lieder zu singen. Die Brüder Johann und Josef Schrammel stammten aus dem Waldviertel, gemeinsam traten sie erstmals 1878 mit Anton Strohmayer und Georg Dänzer als Quartett auf. Sie waren bestens ausgebildete Virtuosen ihrer Instrumente. Sie hätten durchaus in der Hofoper spielen können, doch es zog sie hinaus in die Vorstädte

zur Wiener Volksmusik. Die klassische Besetzung dieses Quartetts war erste und zweite Geige, Gitarre und Klarinette. Beide Brüder Schrammel waren auch ausgezeichnete und sehr erfolgreiche Komponisten, manche ihrer Lieder werden noch immer gesungen, wie „Wien bleibt Wien". Serviert wurde in der Waldschnepfe der berühmte Hauswein, der „g'rebelte Alsegger" (g'rebelt bedeutet, dass die Trauben ohne Stiele vergoren werden).

Bratfisch spielte übrigens auch beim Tod Rudolfs in Mayerling eine Rolle. Es gab sogar Gerüchte, dass er eine Zuwendung vom Hof als Schweigegeld erhalten hätte, weil er nach Rudolfs Tod ein Haus erwarb. Tatsächlich aber starb Bratfisch verschuldet, auf dem Haus lastete eine Hypothek.

Seit dem Zweiten Weltkrieg wird das Haus nicht mehr als Gasthof genutzt. Im Zeitalter des Automobils haben diese Ausflugslokale an Attraktivität verloren. Nach Jahren des Verfalls wurde der Prachtbau in den letzten Jahren renoviert, doch bleibt die weitere Nutzung ungewiß.

1170 Wien, Dornbacher Straße 88 (Straßenbahn 43)

72. Badestrand der Wiener:

Das Gänsehäufel

Die ursprünglich bewaldete Sandinsel in der Donau wurde nach der Regulierung des Stromes abgedämmt und war daher nicht mehr der Strömung des Flusses ausgesetzt. Florian Berndl, Ende des 19. Jahrhunderts ein „Naturapostel" ersten Ranges, pachtete die Insel von der Donauregulierungskommission und gestaltete sie zu einem privaten Schwimm- und Sonnenbad um, das er später gegen Entgelt öffentlich zugänglich machte. Doch bald erhielt er wegen „unsittlicher Vorfälle" die Kündigung – seine Freizügigkeit, was die Kleidung betraf, war für die damalige Zeit einfach zu skandalös!

1907 errichtete die Gemeinde Wien auf dem Areal ein großzügig dimensioniertes öffentliches Strandbad, in das sie 500.000 Kronen investierte. Hochquellwasser und elektrischer Strom wurden auf die Insel geleitet, man errichtete Baulichkeiten zum Umziehen und eine Gastwirtschaft. Am 7. August 1907 wurde der „Lido von Wien" eröffnet. Nach dem Ersten Weltkrieg wurde das Bad erweitert, ein gepflegter Park angelegt. Die sozialdemokratische Vorstellung vom „Neuen Men-

schen", der "Licht, Luft und Sonne" genießt, förderte die Badekultur am beliebten Wiener Strand. Im Zweiten Weltkrieg wurde das Gänsehäufel total zerstört. In den Jahren 1948 bis 1950 erbauten die Architekten Max Fellerer, Carl Appel und Eugen Wörle eine völlig neue Anlage. Am mehr als einen Kilometer langen Strand konnten sich nun an heißen Tagen etwa 33.000 Personen tummeln. Insgesamt gab es mehr als 3.500 Kabinen und 10.300 "Kästchen".

Die Architektur der 50er-Jahre ist noch immer bemerkenswert, versprüht einen liebenswerten Charme und genügt auch völlig den Ansprüchen des 21. Jahrhunderts.

In den letzten Jahren kamen auch spezielle Einrichtungen für Menschen mit besonderen Bedürfnissen dazu, und ein kleiner Teil des Strandes steht FKK-Anhängern zur Verfügung.

Im Laufe der Jahrzehnte hat sich im Gänsehäufel eine verschworene Gemeinde von Sonnen- und Wasseranbetern zusammengefunden, die ihren Urlaub quasi am Strand in der Großstadt verbringen. Denn das Bad verfügt auch über Kabinen, die die ganze Saison über gemietet werden können. Die Mieter dieser "Kabanen" bilden eine große Familie, die im Sommer ihre Freizeit im Bad verbringt, egal welches Wetter herrscht. Und so sind Neuvermietungen eher selten, denn die geräumigen Saisonkabinen werden von Generation zu Generation weitergegeben.

1220 Wien,
Moissigasse 21
(U1, Autobus 90A,
91A und 92A)

73. Von Fratschlerinnen und Bradelbratern:
Der Naschmarkt

Märkte sind Lebensgrundlage und Lebenswelt für die Stadtbewohner, ihr Angebot definiert nicht zuletzt auch die soziale Vielfalt und den Status einer Gesellschaft. Schon die mittelalterliche Stadt hatte eine Reihe ganz spezieller Märkte mit einem genau umschriebenen Warenangebot. Noch heute verweisen Straßenbezeichnungen wie Wildpretmarkt, Getreidemarkt, Fleischmarkt oder Heumarkt auf diese frühen Handelsplätze.

Der heute größte Detailmarkt – in Ausdehnung wie auch Angebot – ist der Naschmarkt. Schon im 16. Jahrhundert gab es beim Heiliggeistspital vor dem Kärntnertor einen Markt, seit dem Ende des 18. Jahrhunderts wurden auf den Starhembergschen Freihausgründen Kräuter, später Milch und Obst verkauft. Daher stammt wohl auch der Name Naschmarkt, und zwar vermutlich von Asch- oder Aschenmarkt herrührend. Dabei hat der Begriff „Asch" wohl nichts mit Asche zu tun, sondern eher mit den Eichenholzeimern für Milch. Ab 1812 taucht der Name Naschmarkt vereinzelt auf, als gängige Bezeichnung ist er erst seit etwa 1900 verbürgt. Neben den üblichen „Marktstandeln", an denen die „Fratschlerinnen" ihre Ware feilboten, gab es noch die „Bradelbrater", das waren jene Standler, die ihre Würste in Kesseln garten.

Zwischen 1895 und 1902 wurde der Naschmarkt auf die neu entstandene Wienflusseinwölbung konzentriert, wo dauerhafte Buden mit kupfergedeckten

Glockendächern errichtet wurden. Das bei der Kettenbrücke gelegene Marktamt wurde 1916 von F. Jäckel nach einem Entwurf Otto Wagners erbaut. Etwa in der Mitte des Naschmarkts befindet sich eine kleine Marienkapelle, die Marienstatue stand ursprünglich auf der über den Wienfluss führenden Steinernen Brücke. Die kleine Rosalienkapelle hingegen ist ein letzter Überrest der Freihausgründe, vom ursprünglichen, längst überbauten Standort hierher versetzt.

Das Warenangebot auf dem Naschmarkt war selbstverständlich immer international, vor allem waren alle Völker der Monarchie hier vertreten. Schon vor dem Zweiten Weltkrieg gab es hier sogar chinesische und japanische Spezialitäten. Heute zeigt sich der Naschmarkt orientalischer denn je – und auch kulinarisch vielfältiger. Zahlreiche In-Lokale, teilweise mit exotischem Flair, ziehen sowohl Wiener als auch Touristen an.

Zusätzlich an Attraktivität hat der Naschmarkt durch den seit 1977 hier angesiedelten samstäglichen Flohmarkt gewonnen, der von der Kettenbrückengasse stadtauswärts zur Belebung beiträgt.

1050 und 1060 Wien, über der Wienflusseinwölbung zwischen Karlsplatz und Kettenbrückengasse (U1, U2 und U4)

74. Schmetterlinge und Restaurantbetrieb:

Das Palmenhaus im Burggarten

Das Palmenhaus im Burggarten ist ein Meisterwerk des Jugendstilarchitekten Friedrich Ohmann, bei dem prachtvolle Bauplastiken mit fein geschwungenen, gusseisernen Verstrebungen kontrastieren.

Nach der Sprengung der Burgbastei durch napoleonische Truppen im Jahr 1809 wurde an dieser Stelle der Burggarten angelegt. Louis von Remy gestaltete 1818 einen kleinteiligen Garten mit verschlungenen Wegen und großen Blumenbeeten, 1826 wurde ein klassizistisches Palmenhaus errichtet, das 1901 bis 1905 gleichzeitig mit der Regulierung der Albrechtsrampe durch den Neubau von Friedrich Ohmann ersetzt wurde.

Die beiden Weltkriege hatte das Palmenhaus noch gut überstanden, doch 1980 musste es wegen erheblicher altersbedingter Bauschäden gesperrt werden. Im nächsten Jahrzehnt stand es auf der Prioritäten-

liste der Denkmalschützer keineswegs an erster Stelle: Das Jugendstilkleinod verfiel. Rund um das Palmenhaus machte sich eine schräge Jugendszene breit, die den Park vor allem wegen ihres Drogenkonsums in Verruf brachte.

Erst 1995 fiel die Entscheidung: Das Palmenhaus wurde großzügig restauriert. Verrostete Teile der Eisenkonstruktion wurden ersetzt und gegen künftigen Rostbefall geschützt, das Doppelglas der Fenster wurde durch Isolierglas ersetzt.

Am bemerkenswertesten aber war das neue Nutzungskonzept: Das Palmenhaus wurde grundsätzlich dreigeteilt: Im linken Flügel wurde eine tropische Landschaft eingerichtet, die mit Schmetterlingen besiedelt wurde. Letztere hatten aus dem ebenso renovierungsbedürftigen Schmetterlingshaus in Schönbrunn ausziehen müssen.

Im rechten Flügel werden wie eh und je die so genannten Dekorationspflanzen der Bundesgärten überwintert. Im Sommer, wenn dieser Teil des Palmenhauses leer steht, dient er als Location für Konzerte und Veranstaltungen mit besonderem Ambiente.

Der Mittelteil wurde durch das Architektenbüro Eichinger oder Knechtl zu einem eleganten Restaurant umgebaut. Der Raumhöhe von 15 Metern eine heimelige und gemütliche Atmosphäre abzuringen, war keine kleine Aufgabe für die Architekten.

So wurde aus dem einst nur als Nutzbau geplanten Palmenhaus ein äußerst interessanter, repräsentativer Komplex, der vor allem durch die Lichteffekte, hervorgerufen durch den Wechsel der Tages- und Jahreszeiten, besticht: ein attraktiver Treffpunkt für Wiener und Touristen aus aller Welt.

1010 Wien, zwischen Opernring, Goethegasse, Hanuschgasse (Straßenbahn 1, 2, 71 und D)

75. Denkmal der Forschungsfreude:
Der Botanische Garten

Die maria-theresianische Zeit brachte dank der Aufgeschlossenheit des Gemahls der Herrscherin, Kaiser Franz I. Stephan, eine große Zahl von westeuropäischen Wissenschaftlern, vor allem aus Belgien und aus den Niederlanden, nach Wien. Der als Leibarzt an den Kaiserhof berufene Gerhard van Swieten holte seinerseits wieder den aus Leiden stammenden Nicolaus Joseph Freiherr von Jacquin nach Wien. Dieser hatte Botanik und Medizin studiert und galt als ein Verfechter des Linnéschen Pflanzensystems. Jacquin machte sich auch sofort von Paris aus nach Wien auf – und zwar zu Fuß. Er erhielt zunächst eine Anstellung im Schönbrunner Garten, wo er den Kaiser kennen lernte, der ein gewaltiges Faible für die Naturwissenschaften hatte. Franz Stephan beauftragte Jacquin, nach Mittelamerika zu reisen und von dort Pflanzen und Tiere für Schönbrunn mitzubringen. Ausgestattet mit 30.000 Gulden, erwarb der Botaniker im Laufe seiner fünfjährigen Reise vor allem Samen und Stecklinge exotischer Pflanzen, Fossilien für das Museum und lebende Vögel. 50 Kisten brachte er von seiner Reise mit, voll mit Heil- und Kräuterpflanzen, Blumenzwiebeln und Giftpflanzen. So kamen erstmals Zuckerrohr, Zimt oder Kakao und fremdartige Bäume, die Wurzeln sorgsam in Erdballen verpackt, nach Wien.

In der Folge erhielt Jacquin den Auftrag, den schon bestehenden Kräutergarten im 3. Bezirk ausbauen. Die mitgebrachten Pflanzen wurden ausgesetzt bzw. ausgesät. Dieser „akademisch-botanische Kräutergarten" wurde Lebensinhalt und Aufgabe von zwei Generationen der Familie Jacquin. Auch Sohn Joseph Franz wurde – wie sein Vater – Leiter des Gartens und Professor für Botanik an der Universität Wien. Vater Jacquin pflegte einen wissenschaftlichen Briefwechsel in lateinischer Sprache mit allen bedeutenden Gelehrten seines Faches. Er engagierte eine ganze Reihe von Blumenmalern, die jedes Stadium der verschiedensten Pflanzen im Bild festhielten.

Die Familie Jacquin führte ein offenes Haus: Gelehrte und Künstler gingen hier aus und ein. Tochter Franziska war eine der besten Schülerinnen Mozarts, ihr Bruder Gottfried war mit ihm befreundet, und ein anderer Bruder, Emilian, ein hervorragender Sänger, wurde ebenfalls von Mozart, der auch für die Familie komponierte, unterrichtet.

Noch heute sind im Botanischen Garten Pflanzen zu finden, die auf Jacquins Zeit zurückgehen, wie etwa die überaus reiche Sammlung an Alpenpflanzen. Der Garten, 1817 noch einmal vergrößert, wurde im Jahr 1857 von Kaiser Franz Joseph der Universität Wien zum Geschenk gemacht – für Forschungszwecke.

1030 Wien,
Mechelgasse 2
(Straßenbahn 71)

XII. Verkehrsmittel einer Großstadt

76. Mit 18 km / h durch den Prater:

Die Liliput-Bahn

Am 1. Mai 1928 – zum Sängerfest im Schubertjahr – fuhr erstmals im Wiener Prater die Liliput-Bahn: eine Schmalspurbahn (Spurweite 381 Millimeter, dies entspricht 15 Zoll), die vom Riesenrad durch den Volksprater bis zum Heustadelwasser und retour fährt. Anfangs verkehrten zwei Minidampfloks, die Garnituren konnten 200 Fahrgäste in gemächlichem Tempo auf der zwei Kilometer langen Strecke durch den Prater befördern.

Vorbild solcher Schmalspurbahnen waren die Kleinbahnen auf englischen Gütern, daher auch die Spurbreite von exakt 15 Zoll. Ein Vorläufer der Liliput-Bahn, eine elektrische Kleinbahn, fuhr 1883 anlässlich der „Elektrischen Ausstellung" zwischen Rotunde und Feuerwerkswiese. 1890 verkehrte bei der Land- und forstwirtschaftlichen Ausstellung zwischen dem Zirkus Busch und der Rotunde eine Petroleumbahn, die „Schnakerlbahn" genannt wurde.

Im April 1945 wurde die Bahn bei Luftangriffen beschädigt, sowohl die Lokomotiven als auch die Waggons wurden schwer in Mitleidenschaft gezogen. Schon 1947 nahm die Liliput-Bahn zur Freude der Wiener Kinder wieder den Betrieb auf. Zusätzlich wurden drei kleine Dieselloks eingestellt, die den Verkehr an Wochentagen versehen, am Wochenende wird noch mit den pfeifenden Dampfloks gefahren. Die Loks haben eigene Namen, die beiden Dampfloks heißen „Brigitte" und „Grete", die Dieselloks „Bernhard", „Harry" und „Michael".

Für Eisenbahnfreunde ist die Liliput-Bahn ein kostbares Relikt aus alter Zeit, das besonders gehütet werden muss, da es kaum mehr Ersatzteile gibt. Wenn ein Teil kaputtgeht, muss er in Einzelanfertigung hergestellt werden. Vor allem das Schienenmaterial ist unersetzlich, da die speziellen Profile nicht mehr industriell erzeugt werden.

Die Betreuung der Liliput-Bahn erfolgt durch einen Streckenwärter und einen Lokführer, beide in Fantasieuniformen. Der Lokführer ist ein pensionierter Eisenbahner, der noch eine Prüfung für Dampfloks hat, denn nur ein geprüfter Lokführer darf die Dampfloks in Betrieb nehmen.

Anlässlich des 80-jährigen Jubiläums der Bahn 2008 wurde ein Salonwagen in Kleinformat angeschafft, der einen Eindruck vom internationalen Flair großer Bahnen in der Vergangenheit vermitteln soll. Dieser Salonwagen, von einer klassischen Wiener Süßwarenerzeugung gesponsert, leuchtet hellrosa und wird damit die freudige Erwartung mancher Kinder auf eine Belohnung in Form von Schnitten nur noch steigern.

Der regelmäßige Fahrbetrieb wird von März bis Oktober aufrechterhalten. Im Winter stehen die Loks und die Waggons in Schuppen, in dieser Zeit werden kleine Schäden ausgebessert. Auch die Strecke muss gewartet werden.

Ein wirtschaftlicher Hit ist diese Wiener Institution nicht, sie kommt mit ihren jährlich etwa 100.000 Fahrgästen gerade so über die Hürden. Als ein Praterbesuch von Firmlingen noch selbstverständlich war, ging das Geschäft sicherlich besser.

1020 Wien, Prater (U1 und U2, Autobus 82A)

77. Mit dem Schiff zum Stubentor:

Der Wiener Neustädter Kanal

Zu Ende des 18. Jahrhunderts bestanden in der Habsburgermonarchie Pläne, eine Kanalverbindung zwischen der Hauptstadt und dem Adriatischen Meer, vor allem dem wichtigen Hafen Triest, zu erbauen. Vorbilder fand man in den Niederlanden und vor allem in Frankreich, wo schon zu Jean Baptist Colberts Zeiten ein großräumiges Kanalnetz in Angriff genommen worden war. Die erste „Probestrecke" sollte zwischen Wien und Wiener Neustadt verlaufen. Als bevorzugtes Frachtgut sollte Kohle aus der Soproner Gegend kostengünstig in die Residenzstadt gebracht werden. Kaiser Franz II. war sofort bereit, 500.000 Gulden aus seiner Privatschatulle für dieses Projekt flüssig zu machen.

Der Baubeginn erfolgte 1797, der Kanal wurde auf einer Strecke von 56 Kilometern in einer Breite von 20 Metern und einer Tiefe von zwei Metern gegraben. Die Höhenunterschiede wurden durch 52 Schleusen überwunden. Der zentrale Hafen lag vor dem Stubentor, die Trasse auf heutigem Wiener Stadtgebiet verlief parallel zum Rennweg durch die derzeitige Bahngasse.

Wie immer bei solchen Großprojekten gab es von Seiten der Bevölkerung nicht nur Zustimmung, sondern auch massive Ablehnung. Auch wenn für den Bau Sträflinge vom berüchtigten Brünner Spielberg herangezogen wurden, mussten trotzdem in das Projekt monatlich 60.000 Gulden investiert werden, eine Summe, die in Kriegszeiten – Österreich befand sich damals im Krieg gegen das revolutionäre Frankreich – nicht leicht aufzubringen war. Doch schließlich wurde 1801 erstmals Wasser aus der Piesting in den Kanal eingeleitet, und die ersten Frachtkähne, gezogen von vier Pferden, nahmen den Transport auf. 1803 gab es einen

Bei Grabungen freigelegte Reste des Kanalhafens beim Aspangbahnhof

ersten Dammbruch bei Simmering, doch insgesamt ging das Geschäft recht gut. So wurden etwa im Jahr 1804 547.000 Zentner Frachtgut befördert. Auch einen geringfügigen Personenverkehr nach Laxenburg konnte die Kanalgesellschaft anbieten.

Der weitere Ausbau des Kanals nach Wiener Neustadt über Pöttsching scheiterte am Einspruch ungarischer Grundbesitzer. Dies scheint aus deren Interessenlage her nur allzu verständlich, denn ein Ausbau bis Triest hätte das Geschäft des zu Ungarn gehörenden Hafens Fiume geschmälert.

Nach dem Wiener Kongress entwickelte sich die Wirtschaftslage sehr schlecht – der Kanal wurde 1822 an einen Privatmann verpachtet. Bis 1869 lösten sich fünf verschiedene Pächter ab, und so verkaufte der Staat den Kanal aus Geldmangel. Daraufhin wurde die „Erste Österreich Schiffahrt-Kanal AG" gegründet, die bereits 1872 einen Reingewinn erzielen konnte.

Doch – dem Zug der Zeit entsprechend – schien den Betreibern nun eine Bahnlinie

die lukrativere Sache zu sein: an Stelle des Kanals wurde eine Bahnlinie nach Süden trassiert. Der Kanal wurde im Bereich des Wiener Stadtgebiets zugeschüttet, auf niederösterreichischem Boden sind jedoch noch Streckenabschnitte erhalten. Am Haus Aspangstraße 15 wurde nach dem Zweiten Weltkrieg ein Mosaik angebracht, das an den Gütertransport auf dem Kanal durch Treideln erinnert.

Noch heute erinnert ein Grenzstein bei der Blamauergasse an das Bahnprojekt: Die Aufschrift WSB – sie steht für Wien-Saloniki-Bahn – erscheint im Licht der späteren Entwicklung wohl etwas großspurig. 1877 wurde mit dem Bau dieser Bahn begonnen – parallel zum Kanal, der bereits bis Kledering stillgelegt worden war; 85 Kilometer lang war die Strecke bis Aspang. Der Bahnhof wurde an jener Stelle errichtet, wo der Wiener Hafen gelegen war. 1881 war die Strecke fertig gestellt, erst 30 Jahre später kam der Tunnel in die Oststeiermark dazu. Die Strecke wurde in der Zwischenkriegszeit recht gut genutzt, vor allem der Ausflugsverkehr nahm stetig zu.

In der NS-Zeit erlangte der Aspangbahnhof tragische Berühmtheit, weil von dort zahllose Transporte jüdischer Bürger in die Vernichtungslager abfuhren. Am „Platz der Opfer der Deportation" erinnert eine 1983 angebrachte Gedenktafel an diese schrecklichen Ereignisse.

78. Mit der „Ruckerlbahn" ins Gebirge:

Die Kahlenbergbahn

Nach der Weltausstellung von 1873 herrschte in Wien eine enorme Technikeuphorie. Gleich drei Bahnen wurden auf Wiener Stadtgebiet geplant und gebaut – und sie führten alle auf die nahen Wienerwaldberge. Eine Umlauf-Standseilbahn ging von Hütteldorf auf die Sophienalm, eine Standseilbahn von Klosterneuburg auf den Leopoldsberg, und eine Zahnradbahn brachte die „Touristen" von Nussdorf auf den Kahlenberg. Natürlich erhielten die Bahnen auch Spitznamen, die „Knöpferlbahn" fuhr auf die Sophienalm, die „Zuckerlbahn" auf den Leopoldsberg und die „Ruckerlbahn" auf den Kahlenberg – „Ruckerlbahn" deshalb, weil die Zahnstange mit einem Ruck einrastete. Alle drei Bahnen sind längst Geschichte, lediglich von der Letzteren haben sich deutliche Spuren erhalten.

Vorbild für diese Bahnen war die vom Schweizer Ingenieur Nikolaus Riggenbach erbaute Zahnradbahn auf den Rigi. Wie erwähnt wurden alle drei Bahnen unmittelbar nach 1873 geplant, doch Bauzeitüberschreitungen verzögerten ihre Fertigstellung. Ihre Rentabilität war

Talstation der Kahlenbergbahn

unterschiedlich, denn die Talstation der Bahn auf die Sophienalm war etwa fünf Kilometer von Hütteldorf entfernt. Klar, dass diese Bahn nach einem halben Jahr eingestellt werden musste.

Die „Zuckerlbahn" auf den Leopoldsberg konnte nur zwei Saisonen überleben, dann wurde sie von der Konkurrenz, nämlich der Kahlenbergbahn aufgekauft, die damit ihrerseits ihr Überleben sicherte.

Die Talstation der Kahlenbergbahn lag in Nussdorf – das Stationsgebäude ist noch bei der heutigen Endstelle der Straßenbahnlinie D erhalten –, ihre Trasse führte über das Krapfenwaldl und die Sulzwiese zum 1872 eröffneten Kahlenberghotel. Dabei überwanden die Dampflokomotiven auf einer Strecke von 5,45 Kilometern einen Höhenunterschied von 316 Metern. Die sechs Lokomotiven kamen aus der Schweiz, aus Winterthur, ebenso die Personen- und Güterwaggons. Im Sommer wurden die Fenster der Waggons herausgenommen, im Winter wieder eingesetzt. Eine Fahrt dauerte etwa 25 Minuten. In der „Ruckerlbahn" gab es zwei Klassen, und der Donnerstag war der so genannte Nobeltag, das heißt die Fahrt kostete mehr. Erst nach 1900 wurde ein einheitlicher Tarif eingeführt. Während des Ersten Weltkriegs wurde die Bahn wegen Kohlenmangels eingestellt, danach nahm sie den Betrieb aber bald wieder auf.

Am 23. Februar 1922 erklomm die letzte Zahnradbahn den Kahlenberg, und zwar illegal, denn die Konzession war schon im September 1919 erloschen.

1190 Wien, Zahnradbahnstraße (Endstation der Straßenbahn D)

79. Vom Stellwagen zur hypermodernen U-Bahn:
Das Wiener Verkehrsnetz

Das 19. Jahrhundert entwickelte am Beispiel des Eisenbahnverkehrs auch für die enorm gewachsenen Städte ein öffentliches Verkehrssystem, das wohlfeil, konjunkturunabhängig und zu genormten Preisen für jedermann zugänglich und erschwinglich war.
Eines der ersten Verkehrsmittel für das Volk war der Stellwagen, ein von Pferden gezogener größerer, zumeist offener Wagen, der etwa 20 Fahrgästen Platz bot. Zunächst fuhren diese Stellwagen zu beliebten Ausflugszielen der Wiener, zum Heurigen nach Grinzing oder in Vergnügungsetablissements wie die Neue Welt in Hietzing.

Der Stellwagen wurde von der Pferdetramway, dann der Dampftramway und schließlich von der elektrisch betriebenen Tramway, von den Wienern „Elektrische" genannt, abgelöst. Ab 1865 führte die erste Pferdetramway vom Schottentor nach Hernals, die erste Dampftramwaystrecke wurde 1883 in Betrieb genommen, aber sicher und zugleich effektiv war nur die Elektrische, die ab 1897 auf einer Teil-

strecke der heutigen Linie 5 verkehrte. Im Laufe der Jahrzehnte überzog ein dichtes Netz von elektrifizierten Straßenbahnlinien die Stadt. Die letzte Dampftramway fuhr bis 1922.

Es gibt so genannte Radiallinien, die sternförmig vom Stadtzentrum ausgehend in die Außenbezirke führen und Tangentiallinien, die die Außenbezirke untereinander verbinden. Darüber hinaus fuhren eine große Zahl an Durchgangslinien von außen kommend ein Stück über den Ring und dann wieder stadtauswärts. Die Tangentiallinien werden mit Zahlen bis 18, die Radiallinien mit Zahlen ab 21 bezeichnet; die Ringlinien hingegen mit Buchstaben (der D-Wagen ist der letzte klassische Ringwagen, die neuen Ringlinien 1 und 2 wurden nicht mehr nach dem klassischen Schema bezeichnet.) Eine Speziliät waren jene Tangentiallinien, die über den parallel zur Ringstraße führenden Straßenzug, die so genannte Zweierlinie führten. Sie trugen die Bezeichnung E2, G2 und H2.

Im Ersten Weltkrieg erfuhr das Verkehrsnetz zwar keine Zerstörungen, aber der Betrieb war wegen Personalmangels fast nicht aufrecht zu erhalten. So wurden während des Krieges immer öfter Frauen als Schaffnerinnen eingesetzt, ein Umstand, der sogar durch populäre Gassenhauer gewürdigt wurde.

Im Zweiten Weltkrieg wurde der gesamte Fuhrpark durch Bombentreffer schwer in Mitleidenschaft gezogen, nicht nur das Schienennetz, auch fast alle Straßenbahnwagen waren beschädigt. Sie mussten bis zur Lieferung neuer Garnituren behelfsmäßig repariert werden, um den Betrieb zu gewährleisten.

Der Autobusbetrieb in größerem Umfang setzte erst nach dem Ersten Weltkrieg ein, in den dreißiger Jahren des 20. Jahrhunderts stellte man von Benzinmotoren auf Dieselmotoren um. O-Busse, die an einer Oberleitung hingen, gab es in Wien nur vorübergehend. Inzwischen fahren fast alle Busse aus Gründen des Umweltschutzes mit Flüssiggas. Spät

wurde in Wien mit dem Bau von U-Bahnen begonnen, zuvor gab es noch etwas seltsame Pläne für Hochbahnen, die sich aber als städteplanerisch nicht realisierbar herausstellten.

Derzeit verkehren in Wien fünf U-Bahnlinien, 28 Straßenbahn- und 84 Buslinien auf einer Gesamtstrecke von 934 Kilometern. Diese Linien befördern etwa acht Millionen Fahrgäste jährlich. Dazu kommt noch die private Gesellschaft der Badner Bahn, die von der Oper weg bis nach Baden bei Wien, einem Kurzentrum, eine dreißig Kilometer lange Strecke auf einer eigenen Bahntrasse zurücklegt.

Saisonal haben manche Straßenbahnen einen enorm dichten Frequenzbedarf, der die logistische Abteilung der Wiener Linien in nicht geringem Umfang herausfordert: So fuhr die Linie 71 zum Zentralfriedhof früher am 1. und 2. November fast im Minutentakt, um Tausende Wiener zum Gräberbesuch zu bringen. Ähnliches galt an schönen Sommertagen vor Einsetzen der extremen Motorisierung, da fuhren zahlreiche Linien in die Heurigenorte im Westen Wiens, um alle Weinliebhaber zu befördern. Andere Linien besorgten den Bäderverkehr an die Donau, fuhren schwerpunkthaft zu Pferderennen und anderen großen Ereignissen.

Jedenfalls waren und sind die Straßenbahnen bei den Wienern sehr beliebt, nicht nur weil sie als Transportmittel gut funktionierten und dies noch immer tun, sondern auch wegen ihres kommunikativen Effekts.

Die Liebe zur Straßenbahn erfasste einst auch eine Gans. An der Endstation der Linie 39 in Sievering hatte sie sich häuslich niedergelassen, über die Jahre ließ sie sich von den Fahrgästen verwöhnen. Als diese Linie auf einen Autobusbetrieb umgestellt wurde, starb die Gans. Als Andenken an die Treue dieses Federviehs wurde an der Endstelle eine kleine Metallplastik der Gans Lili aufgestellt.

80. Wege und Irrwege:
Die Wiener U-Bahn

Obwohl die Wiener U-Bahn erst 1978 eröffnet wurde, kann sie als Projekt – wie so vieles in Wien – bereits auf eine lange und eigenartige Geschichte zurückblicken. Schon 1910 gab es erste Überlegungen für Untergrundbahnen. Wien hatte damals aber ein überaus leistungsfähiges Straßenbahnnetz, und mit der Elektrifizierung der Stadtbahn meinte man, die bessere Wahl getroffen zu haben. Die nächsten Pläne tauchten in der „großdeutschen" Zeit auf, nach dem Kriegsausbruch war an aufwändige U-Bahn-Bauten aber nicht zu denken. Mit der beginnenden Motorisierung und der sich abzeichnenden Verstopfung der Straßen wurde das Thema wieder aktuell. Die in Wien regierenden Sozialisten waren jedoch strikte gegen den Bau einer von der ÖVP geforderten U-Bahn. Man wollte eher die Straßenbahn teilweise unter die Erde verlegen, was dann am Gürtel, unter der Wiedner Hauptstraße und unter der „2-er-Linie" auch geschah. Diese Kompromisse brachten allerdings wenig Erfolg, da die Strecken weiterhin verspätungsanfällig waren.

Mitte der 60er-Jahre folgte dann doch der Schwenk zu einem Bekenntnis zur U-Bahn, die ÖVP-Opposition hatte die Sozialisten „weichgeklopft". Da die Kosten für ein Netz von Neubaustrecken zu hoch waren, wurde ein wenig getrickst: Sowohl die UPflaStraBa (das war tatsächlich die offizielle Abkürzung für die „Kellertramway"!) als auch die bestehende Wiental- und Donaukanallinie der Stadtbahn wurden zur U-Bahn umgebaut. Als einzige neue Linie war die U1 vorgesehen. Ab 1969 versank Wien für zehn Jahre im Baustellenchaos, ab 1978 erfolgte dann aber eine Eröffnung nach der anderen, und die Wiener nahmen das neue Verkehrsmittel begeistert an.

In der Euphorie und Technikgläubigkeit der 70er-Jahre dachte man daran, ganz Wien mit einem dichten U-Bahnnetz zu überziehen; so gibt es an etlichen Stellen bereits vorhandene Abzweigungen, ja sogar ganze Stationen sind bereits im Rohbau vorhanden, aber unbenutzt. Die typische Wiener Planungsunsicherheit führte dazu, dass diese Vorleistungen in die Zukunft ungenutzt bleiben, denn zu oft haben sich die Ausbaupläne geändert. Fertig gebaut sind derzeit die Linien U1, U2, U3, U4 und U6, wobei es bei allen Linien Überlegungen bzw. konkrete Planungen zu Streckenverlängerungen gibt. Planungen für eine Linie U5 sind wohl vorhanden, aber bis nach 2020 verschoben. Zweifellos darf die Frage der enormen Kosten nicht ausgespart bleiben.

Abzweigungen sieht man auf der U1 kurz vor dem Karlsplatz sowie zwischen den Stationen Praterstern und Vorgartenstraße. Die Linie U4 durchfährt bei der Friedensbrücke umfangreiche alte Rampenanlagen, die Fahrt nach Heiligenstadt wird vom stillgelegten Viadukt der U6 begleitet, die heute ihre alte Strecke bei der Spittelau verlässt. Am Gürtel benützt sie die alte Strecke von Otto Wagner, im Süden hingegen, nach Siebenhirten, fährt sie auf der Trasse der ehemaligen Straßenbahnlinie 64. In wohl kaum einer anderen Stadt wurde so viel wie in Wien um- statt neugebaut.

81. Um die Hektik des Alltags zu bannen:

Archäologie und Kunst in der U-Bahn

Beim Bau der Wiener U-Bahnlinien wurden bedeutende archäologische Funde gemacht, wie etwa die Virgilkapelle nahe dem Stephansdom, in deren tief gelegenen Andachtsraum man im Vorbeigehen hineinschauen kann, oder die südlich des Domes einst errichtete Maria Magdalena-Kapelle, deren Umrisse durch dünklere Steine in der Pflasterung des Stephansplatzes nachgezeichnet wurden. Am Minoritenplatz entdeckte man den Verlauf des Chores der an die Minoritenkirche angebauten Ludwigskapelle. An der Oberfläche wurde dies mit niedrigen Mäuerchen markiert. Sogar Reste von steinernen Kapitellen und anderen Bauteilen aus der im Gebiet des heutigen dritten Bezirks gelegenen römischen Zivilstadt wurden sichergestellt. In der Station Stubentor legten die Stadtarchäologen Teile der jetzt unterirdisch gelegenen alten Stadtmauer frei. Diese Mauerteile lieferten den Archäologen wichtige Erkenntnisse, wie tief die Mauern verankert wurden und woraus sie bestanden.

Die Stationen der U-Bahnen, vor allem jene der Linie U3, wurden von einer Reihe

Station Westbahnhof

zeitgenössischer Künstler gestaltet. Dahinter steht der Wunsch, der Hektik des Verkehrsaufkommens und der eilenden Menschenmassen die Ruhe und Beschaulichkeit eines Museumsbesuches entgegenzusetzen. So schuf etwa Anton Lehmden in der Station Volkstheater ein monumentales Glasfries, die „Entwicklungsgeschichte der Natur auf Erden" und die „Entstehung des Universums aus dem Urknall" thematisierend. In der Station Landstraße entstand eine fröhliche Emailwand von Oswald Oberhuber mit verspielten Tierdarstellungen. Das größte Emailbildnis, das es bis ins Buch der Rekorde brachte, ist Susanne Zemrossers

zauberhafte Darstellung der Attraktionen des Wurstelpraters für Kinder mit dem Titel: „Einen Traum träumen und ihn mit anderen teilen…" in der Station Praterstern. Eine kühne Videoinstallation von Nam June Paik namens „Wellenmaschine" in der Station Schweglerstraße wird durch die Luftbewegung ein- und ausfahrender Züge verlebendigt. In der Station Westbahnhof ist Adolf Frohners Kunstobjekt „Circa 55 Schritte durch Europa", eine Darstellung von Europas Evolution, zu bewundern. In der Station Museumsquartier der Linie U2 begeistern die großformatigen Menschendarstellungen von Rudi Wach.

Station Märzstraße

XIII. Außergewöhnliche Friedhöfe

82. Romantik des Todes:
Der Friedhof St. Marx

1783 hatte Kaiser Joseph II. aus hygienischen Gründen jede Beisetzung innerhalb des Linienwalls verboten. In der Folge entstand eine Reihe von Friedhöfen in den Vororten, von denen nur der St. Marxer Friedhof in seinem ursprünglichen Umfang erhalten geblieben ist.
Nachdem die Gemeinde Wien 1874 den Zentralfriedhof eröffnet hatte, wurden auch in St. Marx keine Beisetzungen mehr vorgenommen, aber der Friedhof blieb quasi als ein Denkmal bestehen. In den 30er-Jahren des vorigen Jahrhunderts wurde er auf Initiative des Wiener Heimatforschers Hans Pemmer restauriert.

Ein Spaziergang auf diesem Friedhof mutet an wie ein Gang durch die Wiener Stadtgeschichte. Am 6. Dezember 1791 wurde hier Wolfgang Amadeus Mozart zur letzten Ruhe gebettet, das genaue Wissen um den Ort ging verloren. An der vermuteten Stelle steht seit etwa 1895 die Sandsteinfigur eines trauernden Engels mit gesenkter Fackel.

Weitere prominente Persönlichkeiten aus Wiens biedermeierlichem Kulturleben, die hier ihre Grabstätte hatten, sind der Komponist Johann Georg Albrechtsberger und der berühmte Virtuose Antonio Diabelli, die Maler Peter Fendi und Moritz Michael Daffinger, die Architekten Josef Kornhäusel und Peter Nobile sowie der Erfinder der Nähmaschine, Josef Madersperger, der übrigens in einem Armenhaus in

St. Marx verstarb, oder die gefeierte Schauspielerin Therese Krones. Viele dieser Prominenten wurden im letzten Drittel des 19. Jahrhunderts exhumiert und in Ehrengräbern des Zentralfriedhofes neu beigesetzt. Zahlreiche bekannte Familien aus der Wiener Gesellschaft hatten ihre letzte Ruhestätte in St. Marx. Die Texte auf den Grabsteinen mit den uns heute seltsam und kurios erscheinenden Berufsbezeichnungen erzählen von einer vergangenen Zeit und heute nicht mehr gültigen Ritualen.

Den Zauber dieses Friedhofs und sein ein wenig verwildertes Flair genießt man am besten im Wonnemonat Mai, wenn die zahlreichen Fliederbüsche in Blüte stehen und ihren Duft verbreiten – eine Stätte des Todes, die versöhnlich und heiter stimmt.

1030 Wien, Leberstraße 6 – 8 (Autobus 74A, Straßenbahn 18 und 71)

83. Ein begrabener Friedhof:

Der jüdische Friedhof Seegasse

Einer der ältesten jüdischen Friedhöfe auf österreichischem Boden liegt im dicht verbauten Gebiet des 9. Wiener Gemeindebezirks. Das Gründungsdatum ist fraglich, der älteste erhaltene Grabstein stammt aus dem Jahr 1582. 1670, als Kaiser Leopold I. alle Wiener Juden vertrieb, zahlte die jüdische Familie Fränkel 4.000 Gulden, um den Bestand des Friedhofes zu garantieren. Und so wurde dieser Friedhof bis 1783, also bis zur Sperre der Friedhöfe im gesamten Stadtgebiet und in den Vorstädten durch den Erlaß von Kaiser Joseph II., belegt.

Dass der Friedhof bis in unsere Zeit überdauern konnte, ist dem wissenschaftlichen Eifer eines Mannes, nämlich Dr. Bernhard Wachstein, und dem beispiellosen Einsatz der wenigen Überlebenden der Wiener Judengemeinde während des Zweiten Weltkriegs zu danken. Wachstein hatte in der Zwischenkriegszeit eine ausführliche Dokumentation über alle Grabsteine des Friedhofes verfasst. Er sammelte alle Informationen über die „Verborgenen" und hielt Namen und Geschichte der Familien sowie genealogische Hinweise fest. Denn auf diesem Friedhof waren

bedeutende Mitglieder der Wiener jüdischen Gemeinde begraben, darunter etwa Samson Wertheimer, der Finanzberater der Kaiser Leopold I., Joseph I., und Karl VI. sowie des Prinzen Eugen. Die Grabstätten berühmter Familien wie der Arnstein, der Eskeles, der Pereira oder Fischhof lagen auf dem Friedhof Seegasse. Dr. Wachstein wurde übrigens literarisch gewürdigt: als Vorbild für Kein in Elias Canettis Roman „Die Blendung".

Einige beherzte Männer, die die kulturhistorische Bedeutung der jüdischen Friedhöfe für Wien rechtzeitig erkannten, konnten nach 1938 lange ihre Zerstörung verhindern. So etwa blieb der Friedhof in Währing erhalten, weil er angeblich ein Vogelparadies gewesen sei. Und auch dem Friedhof in der Seegasse drohte erst 1943 die endgültige Vernichtung.

In dieser bedrohlichen Situation gelang es den wenigen verbliebenen, ausgehungerten und ausgepowerten Wiener Juden, einen Teil der Grabsteine, immerhin 818 Stück, aus der Seegasse wegzubringen und sie rituell in einem Massengrab auf dem Zentralfriedhof zu vergraben. Wie dieser Transport vor sich gegangen war, wer etwa die dafür nötigen Lastwagen zur Verfügung gestellt hatte, ist nicht dokumentiert. Es muss eine ungeheure Anstrengung gewesen sein, die Monumente zu retten. Jahre nach dem Krieg wurde der Hügel auf dem Zentralfriedhof abgetragen und die Grabsteine wurden wieder auf ihren ursprünglichen Platz, jeder auf einem Sockel, gebracht. Seit 1984 ist der Friedhof wieder zugänglich.

Dass in der Seegasse auch ein Fisch begraben gewesen wäre, gehört allerdings ins Reich der Legende. Denn der Grabstein mit dem Fisch – er befindet sich in der Nähe des Eingangs – dürfte der Oberteil eines Brunnens gewesen sein. Gläubige Juden sind ja dazu verpflichtet, sich nach dem Verlassen des Friedhofs die Hände zu waschen.

1090 Wien, Seegasse 9 – 11 (U4, Straßenbahn D; Zugang durch das Pensionistenheim)

84. „Vom Vergessen überwachsen …":

Der Währinger jüdische Friedhof

„Vom Vergessen überwachsen" – so lautet der Titel eines Fotobandes, zu dem die Crème de la crème der Fotografen wie etwa Isolde Ohlbaum oder der leider schon verstorbene Harry Weber mit einfühlsamen und gleichzeitig aufrüttelnden Aufnahmen beitrug, um eben diesen Friedhof dem Vergessenwerden zu entreißen.

Was macht diesen seit seit den neunziger Jahren des 18. Jahrhunderts bestehenden, außerhalb des Linienwalls angelegten jüdischen Friedhof so einzigartig? Er ist neben dem St. Marxer Friedhof der letzte Biedermeierfriedhof, der in seinem ursprünglichen Zustand erhalten blieb.

Bis 1880 wurden auf diesem Friedhof in etwa 8.000 Grabstätten ca. 30.000 Mitglieder der Wiener jüdischen Gemeinde beigesetzt. Die Grabsteine, mit hebräischen und deutschen Grabinschriften, stellen ein singuläreres Dokument für die Geschichte der Gemeinde dar. Hier sind die Spitzen jener Zweiten Gesellschaft beigesetzt, die ganz wesentlich zum wirtschaftlichen und kulturellen Aufschwung der Donaumonarchie zu Ende des 18. und im 19. Jahrhundert beigetragen haben. So klingende Namen wie Eskeles, Arnstein, Wertheim, Königswarter oder Epstein stehen auf den Grabsteinen, heute kaum entzifferbar.

Denn der Währinger Friedhof befindet sich derzeit in einem deplorablen Zustand. Bis zum Jahre 1938, zur unseligen NS-Herrschaft auch in Österreich, blieb der Friedhof, auch wenn keine Begräbnisse mehr stattfanden, noch im Eigentum der jüdischen Gemeinde. Die NS-Behörden enteigneten den Friedhof und wollten ihn gänzlich schleifen. Es gelang jedoch einem klugen Beamten, den Friedhof mit der Umwidmung zu einem Vogelschutzgebiet zu bewahren. Doch schließlich wurde ein großer Teil mit etwa 1.500 Gräbern zerstört. Angeblich sollte ein Löschteich angelegt werden. Die jüdische Gemeinde konnte einen Teil der Gräber exhumieren und die Gebeine zum Zentralfriedhof schaffen. Ein Teil wurde zu pseudowissenschaftlichen Untersuchungen ins Naturhistorische Museum verbracht: erst nach dem Zweiten Weltkrieg wurden sie auf dem Zentralfriedhof beerdigt. Nach dem Zweiten Weltkrieg wurde der Friedhof an die Kultusgemeinde restituiert; auf dem zerstörten Teil wurde letztendlich eine Wohnhausanlage errichtet.

Da die jüdische Wiener Gemeinde in der Nachkriegszeit sehr klein und ihre finanziellen Ressourcen äußerst bescheiden waren, war an

eine Sanierung des teils verfallenen, teils überwucherten Areals nicht zu denken. Vandalenakte, die Kräfte der Natur, der saure Regen, sie alle trugen dazu bei, dass der Friedhof heute kaum begangen werden kann. Bäume kippten viele Grabsteine, die einfacheren Gedenksteine aus Sandstein sind nun großteils verwittert. Gruppenbezeichnungen oder Wege sind kaum erkennbar.

2003 verpflichtete sich die österreichische Bundesregierung im Washingtoner Abkommen für die Sanierung und Erhaltung der jüdischen Friedhöfe in Österreich aufzukommen. Zahlreiche Initiativen haben sich inzwischen für die Sanierung eingesetzt, etwa der Restitutionsbeauftragte der Stadt Wien, Dr. Kurt Scholz, oder die Publikation des schon erwähnten Buches, um die Öffentlichkeit auf dieses kulturelle Kleinod aufmerksam zu machen. 2010 sollen endlich Sanierungsarbeiten beginnen, die zweifellos Jahre dauern werden, und jüngst hat sich die Gemeinde Wien bereit erklärt, das Friedhofswärterhaus, erbaut von Architekt Joseph Kornhäusel, der auch die Synagoge in der Seitenstettengasse errichtete, generalsanieren zu lassen. Derzeit kann man den Friedhof in Währing nur bei Führungen besichtigen.

1190 Wien, Schrottenbachgasse (U6)

85. Von der Natur überwucherte Morbidität:

Der Friedhof der Namenlosen

Der kleine Friedhof „auf dem Sauhaufen im Fondsgut Ebersdorf", am östlichsten Zipfel Wiens, wurde seit etwa Mitte des 19. Jahrhunderts für alle jene namenlosen und nicht identifizierten Leichen zur letzten Ruhestätte, die von der Donau infolge eines Strudels bei Albern angeschwemmt wurden – oder für Selbstmörder, die nicht in geweihter Erde beigesetzt werden durften. Der fast 500 Grabstätten umfassende ältere Friedhofsteil beeindruckt durch eine seltsame Morbidität bei gleichzeitiger völliger Naturbelassenheit.

Denn seit mehr als einem Jahrhundert wird der Friedhof nicht mehr belegt, die Natur eroberte sich das Gelände zurück. Seinerzeit wurde er immer wieder von Donauhochwässern halb weggeschwemmt oder doch zumindest schwer beschädigt, aber auch immer wieder restauriert. Heute erinnert nur mehr ein einzelnes gusseisernes Grabkreuz an diesen Friedhofsteil.

Nach Errichtung eines Dammes im Zuge des Hafenausbaues wurde ein zweiter, vor Hochwasser geschützter Friedhof hinter dem

Damm angelegt, wo bis 1940 Beisetzungen stattfanden. Ab diesem Zeitpunkt wurden wegen der Donauregulierung keine Leichen mehr angeschwemmt.

Manche Grabinschrift weist auf schreckliche Schicksale hin, wie „Ertrunken 1904 durch fremde Hand im 11. Lebensjahr", ein nachdenklich machendes Memento mori. Welch schreckliche Tragödie sich wohl hinter diesen wenigen Wörtern verbergen mag.

Es ist ein Friedhof der kleinen Leute, die wenigen beschrifteten Grabkreuze berichten von Maurern, Bäckern, Arbeitern, die beim Hafen arbeiteten. Auch einen Hamburger hat es an die Donau, die sein Grab wurde, verschlagen. Natürlich wurde der ehemalige Wirt des nahen Gasthofes auf dem Friedhof der Namenlosen begraben. Heute ist der Friedhof liebevoll gepflegt, die gusseisernen Grabkreuze sind in bestem Zustand und durchaus, soweit sie beschriftet sind, lesbar. Im neueren Friedhofsteil steht eine kleine Friedhofskapelle, die 1987 mit Unterstützung der „Wiener Hafen GmbH" restauriert wurde. An der Außenmauer wurde eine Gedenktafel für einen Herrn Fuchs angebracht, der sich jahrzehntelang um die Pflege des Friedhofes gekümmert hatte.

Alljährlich am ersten Sonntag nach Allerheiligen setzen die Donaufischer nach einer Gedenkfeier für die Opfer des Stromes ein blumengeschmücktes Floß in die Mitte des Flusses, das dann die Donau abwärts treibt.

1110 Albern
nächst dem Hafen
(Autobus 76A)

Inzwischen wurde der Friedhof zu einem literarischen Ort, im Roman „Wiener Passion" von Lilian Faschinger, in dem auch die tragische Geschichte eines Dienstmädchens erzählt wird, spielt eine Schlüsselszene bei den „schmucklosen Grabstätten" ohne Namen und ohne Grabspruch.

XIV.
Museen, die es nicht in jeder Stadt gibt

86. Wo einem die Haare zu Berg stehen:

Das Wiener Kriminalmuseum

Wer das „schöne Gruseln" liebt oder sich über historische Kriminalfälle informieren will, wer die Schauergeschichten von Dieben, Mördern und Heiratsschwindlern im Detail erfahren will, der ist im Kriminalmuseum gut aufgehoben.

Das Wiener Kriminalmuseum, im Keller des „Seifensiederhauses", einem der ältesten Häuser der Leopoldstadt aus dem 17. Jahrhundert untergebracht, bietet Kennern und Interessierten alles, was in Wien über die Kriminalfälle der letzten drei Jahrhunderte erhalten ist. Ob es nun schauerliche Gegenstände wie der letzte Galgen des Scharfrichters Lang oder Erinnerungsstücke an seine Berufskarriere sind, oder die im 19. Jahrhundert so beliebten Zeitungsillustrationen zu spektakulären Mord- und Raubfällen: alles, was das Herz des Krimisüchtigen höher schlagen lässt, ist hier zu finden.

Den Kern des Museums bildet die Sammlung der Wiener Polizeidirektion, aber es können auch zahlreiche Objekte besichtigt werden, deren Herkunft oder deren Weg ins Museum doch besser im Dunkel bleibt.

Das Kriminalmuseum bietet auch detaillierte Informationen, wie denn die einzelnen Hinrichtungsarten funktioniert haben. Wie lange wird es wohl gedauert haben, bis beim Henken eines Delinquenten der Tod eintrat? Was hat das mittelalterliche „Rädern" tatsächlich bedeutet und wie funktionierte die schnelle Tötungsmaschine des französischen Arztes Joseph-Ignace Guillotin, die seit der Französischen Revolution eingesetzt wurde. Aber auch die abenteuerlichen und durchaus zum Schmunzeln anregenden Geschichten von Heiratsschwindlern und sonstigen Meisterbetrügern und Meisterdieben kann man im Kriminalmuseum kennen lernen.

Dazu gibt es eine reiche Sammlung an Mordwaffen verschiedenster Art. Die Besucher werden wieder an seinerzeit aufregende Mordaffären erinnert – wie die Geschichte des Mörders im Dufflecoat, der einen Lebensmittelhändler in der Wiener Alserstraße mit Hilfe eines Fleischwolfs umgebracht haben soll. Tatsächlich wurde in diesem Fall eine Frau in einem langwierigen Indizienprozess der Tat überführt.

Interessant ist sicherlich auch die Dokumentation über die unterschiedlichen Arten der Bestrafung quer durch die Geschichte, denn erst im 20. Jahrhundert setzte die Entwicklung zu einem humanen Strafvollzug ein. Noch Mitte des 19. Jahrhunderts war eine Hinrichtung einem öffentlichen Schauspiel gleichzusetzen und diente der Belustigung des Pöbels, wie zum Beispiel die Hinrichtung des ungarischen Schneidergesellen János Libényi, der 1853 jenes Attentat auf Kaiser Franz Joseph verübt hatte, dessen glücklicher Ausgang zur Errichtung der Votivkirche führte. Denn was ursprünglich als Abschreckung geplant war, war zur Erheiterung des Publikums und zum Ausleben bösartiger Instinkte entartet.

1020 Wien,
Große Sperlgasse 24
(Autobus 5A,
U2 Taborstraße,)

87. Der letzte Weg: „... a scheene Leich ...":
Das Bestattungsmuseum

„A scheene Leich" – das ist nach Wiener Verständnis ein prunkvolles Leichenbegängnis, für das man ein Leben lang spart: Wenn man schon nicht in Reichtum leben kann, so will man doch wenigstens den letzten Weg so hochherrschaftlich wie möglich zurücklegen. Gestalter und Begleiter eines Leichenbegängnisses waren bis Anfang des 20. Jahrhunderts private Gesellschaften, die dieses Geschäft in harter Konkurrenz, aber auch durch Preisabsprachen lukrativ gestalteten. Dies war für den Wiener Bürgermeister Dr. Karl Lueger der Anlass, das Bestattungswesen zu kommunalisieren und so einen einheitlichen Tarif für alle zu schaffen. Bis dahin hatten sich im Großen und Ganzen die beiden Unternehmen „Entreprise des pompes funèbres" und „Concordia" das Geschäft geteilt. Von der französischen Firmenbezeichnung leitet sich übrigens in der Wiener Umgangssprache der Ausdruck „Pompfüneberer" ab, der für die Leichenträger und sonstigen Bediensteten der Bestattungsunternehmen verwendet wird.

Alles über das äußerst vielschichtige Zeremoniell rund um die Beisetzung von Verstorbenen ist im Wiener Bestattungsmuseum zu besichtigen, das 1967 anlässlich des 60-Jahre-Jubiläums der Wiener Städtischen Bestattung gegründet und 1987 umgestaltet wurde. Hier findet sich etwa der josephinische Sparsarg, ein schlichter Holzsarg, dessen Boden mittels eines Zugseiles weggezogen werden konnte – der Verstorbene fiel, eingenäht in einen Leinensack, in die Grube und der Sarg konn-

te wieder verwendet werden. Diese Kargheit gefiel den Wienern ganz und gar nicht und sie nahmen dem Kaiser diese Verordnung sehr übel. Und so konnte sich die Idee des Sparsarges in Wien auch nicht lange halten.

Bis in die heutige Zeit dagegen hält sich hartnäckig die Legende, dass Mozart in einem Armengrab „beseitigt" worden ist. Tatsächlich fand seine Beerdigung nach dem damals vorgeschriebenen einfachen Zeremoniell statt, die Trauergemeinde nahm am Stadtrand Abschied, das Grab blieb unbezeichnet, der Totengräber allerdings wusste über den Beisetzungsort Bescheid.

Das Bestattungsmuseum verwahrt auch die früher in Verwendung gestandenen prunkvollen Leichenwagen, die oft mehrspännig im Galopp dem Friedhof zustrebten. Ein Kuriosum sind die Prunksärge mit dem Totenglöckerl: Dieses von innen zu bedienende Glöckchen sollte verhindern, dass Menschen lebend begraben wurden – ein Schicksal, das wegen mangelnder medizinischer Kenntnisse in früheren Jahrhunderten durchaus vorgekommen sein soll. Zu einem prunkvollen Begräbnis gehörten auch Windlichtträger, Laternen- und Fahnenreiter. Für jede einzelne Leistung, wie samtene Bahrtücher, die Anzahl der Kerzenleuchter und Kerzen, für Musik und Gesang musste extra bezahlt werden: Über die Jahrhunderte herrschte im Bestattungswesen ein kompliziertes Klassensystem, das von Prachtbeisetzungen bis zu Beerdigungen im Massengrab reichte. Noch bis nach dem Zweiten Weltkrieg war es übrigens verbreitet, den Verblichenen in der eigenen Wohnung aufzubahren: Wohnungstür und Haustor wurden schwarz drapiert, vor dem Tor hielt ein „Pompfüneberer" Wache.

Das Museum ist hinsichtlich der ausgestellten Objekte auf dem neuesten Stand. Auch die jüngsten Bestattungsformen, etwa die Verarbeitung der Asche von Verstorbenen zu Diamanten, sind dokumentiert.

1110 Wien, Simmeringer Hauptstraße 339 (Straßenbahn 71)

XV. Denkmäler mit Geschichte und Geschichten

88. Jahrelanger Streit um ein Denkmal:

Mahnmal gegen Krieg und Faschismus

Bis zu den schweren Bombenangriffen des Zweiten Weltkrieges stand an der Stelle des heutigen Denkmals und des Parks der Philipphof. Seine Keller galten als bombensicher und wurden gerne von der schutzsuchenden Bevölkerung aufgesucht. Am 12. März 1945 jedoch wurde das gesamte Gebäude in Schutt und Asche gelegt, etwa 300 Menschen aus den darunter liegenden Kellern konnten wegen der Unmengen des aufgehäuften Schutts nicht rechtzeitig geborgen werden. Sie sind hilflos unter der Ruine erstickt.

Jahrzehnte lang bestand Einhelligkeit, den Platz nicht zu verbauen, in dem kleinen Park wurde eine Gedenktafel für die Verschütteten angebracht.
Als der Bildhauer Alfred Hrdlicka einen Bauplatz für sein Antifaschismusdenkmal suchte und dabei mächtige Unterstützung im Wiener Bürgermeister Helmut Zilk fand, entsprang daraus eine höchst emotional

aufgeladene Diskussion, in der eine Tageszeitung vehement gegen das Denkmal und damit auch gegen den Bürgermeister Stimmung machte. Letztlich trugen Bürgermeister und Bildhauer den Sieg davon, der Gemeinderatsbeschluss zur Errichtung des Mahnmals erfolgte 1983. Die Enthüllung des Denkmals fand am 24. November 1988 statt.

Eine 60 cm starke Betonschicht wurde über dem Keller und den Verschütteten des Zweiten Weltkrieges aufgebracht. Hrdlickas Konzept sah unter Verwendung bereits vorhandener Plastiken ein vierstufiges Arrangement vor. Das „Tor der Gewalt" thematisiert Front und Hinterland, dahinter der „straßenwaschende Jude". Die Plastik „Orpheus betritt den Hades" gedenkt der Verschütteten des Philipphofs, stellt aber auch einen Bezug zur benachbarten Oper her. Die Schlussapotheose ist der „Stein der Republik", in den der Text der österreichischen Unabhängigkeitserklärung 1945 eingemeißelt wurde.

Besonders heiß umkämpft war das realistische Bronzebild des straßenwaschenden Juden, der von Betroffenen des Holocaust als Verhöhnung empfunden wurde. Als dieser Teil des Denkmals noch als Sitzplatz missbraucht wurde, wurde es mit Stacheldraht gegen Missbrauch geschützt. Nachdem die restlichen Denkmalteile verankert worden waren, trat relativ rasch eine Beruhigung der Diskussion ein. Inzwischen haben sich die Wiener an das Denkmalensemble gewöhnt.

1010 Wien, Albertinaplatz/ Helmut-Zilk-Platz

89. Ein russischer Soldat vor einem Barockpalais:

Das Denkmal der Roten Armee

Der Wiener Schwarzenbergplatz, ein geschlossenes, geradezu durchkomponiertes gründerzeitliches Ensemble, das im Südosten vom barocken Palais Schwarzenberg abgeschlossen wird, weist auch ein Bauwerk des sozialistischen Realismus auf. Wie ein architektonischer Fremdkörper ragt das Denkmal der Roten Armee hinter dem Hochstrahlbrunnen auf.

Dieses Siegesdenkmal der Roten Armee wurde im Sommer 1945 von Pionieren der Sowjetarmee quasi im Eilzugstempo errichtet und am 19. August enthüllt. Zu diesem Anlass fand ein feierlicher Akt statt, an dem auch Truppenteile der Westalliierten teilnahmen.

Das Denkmal erinnert an die gefallenen Soldaten, die im Kampf um Wien ihr Leben lassen mussten. Die kyrillische Inschrift lautet: „Ewiger

Ruhm den Helden der Roten Armee, gefallen im Kampf gegen die deutsch-faschistischen Räuber der Freiheit und Unabhängigkeit der Völker". Auf einem 20 Meter hohen Sockel mit Fahnen und den Insignien der Garde erhebt sich die zwölf Meter hohe Bronzefigur eines Soldaten der Roten Armee. Der Entwurf des Mahnmals stammte bereits vom April 1945 und ist ein Werk des russischen Majors Jakowiew. Die Wiener akzeptierten dieses Denkmal eher zähneknirschend – weder der Stil noch der Platz, an dem es aufgestellt wurde, fand Zustimmung. Der Volksmund bezeichnete es als das Denkmal des „unbekannten Plünderers", was auf die Plünderungen auch durch Sowjetsoldaten in den Tagen des Umbruchs verweist.

Das Denkmal der Roten Armee ist durch den Staatsvertrag von 1955 ausdrücklich geschützt, und so wird es wohl auch weiterhin stehen bleiben. Die Wiener haben gelernt, diesen Anachronismus zu übersehen.

1030 Wien,
Schwarzenbergplatz
(Straßenbahn 71
und D)

90. Erinnerungen an einen Diktator:

Die Stalingedenktafel

Vor dem Ersten Weltkrieg war Wien bei den russischen Revolutionären als Aufenthaltsort sehr beliebt. Das hiesige Regime war relativ tolerant, die Wiener Polizei als nobel zu bezeichnen. Hier hatte man nichts dagegen einzuwenden, wenn das zaristische System in Frage gestellt wurde. So hielten sich einige, später höchst prominente Mitglieder der Bolschewiki am Vorabend des Ersten Weltkriegs in der Stadt an der Donau auf. Leo Trotzki etwa liebte Wien und seine Kaffeehäuser, seinem geselligen Wesen kam die Stadt mit ihrer freundlichen Atmosphäre sehr entgegen. Auch der russische Wirtschaftstheoretiker Nikolai Bucharin lebte einige Zeit in Wien.

Im Jänner 1913 kam Josef Dschugaschwili „Stalin" im Auftrag Lenins in die kaiserliche Hauptstadt. Er sollte die Ergebnisse von Beratungen der Bolschewiki in Krakau an die bolschewistische Druckerei in Paris weiterleiten. Außerdem sollte er in Wien die Nationalitätenfrage studieren und dazu auch mit Fachleuten, vermutlich mit Mitgliedern der Sozialdemokratie, Gespräche führen. Doch Stalin konnte – im Gegensatz zu den beiden oben erwähnten Revolutionären – kein Deutsch.

Trotzdem begann er in Wien seine Abhandlung „Marxismus und nationale Frage" zu schreiben, die im selben Jahr in einer Petersburger Zeitschrift erschien. Lenin lobte diese Arbeit, und Trotzki, der sich sonst über die theoretischen Arbeiten Stalins lustig machte, schrieb dazu: „Der Marxismus und die nationale Frage stellt zweifellos Stalins bedeutendste, genauer, seine einzige theoretische Arbeit dar."

Stalin wohnte in Wien bei der russischen Emigrantenfamilie Trojanowski nahe dem Schloss Schönbrunn. Das Ehepaar Trojanowski machte später – nach dem Erfolg der Revolution – eine große Karriere: Alexander Antonowitsch Trojanowski wurde der erste sowjetische Botschafter in den Vereinigten Staaten, seine Gattin Jelena wurde während des Krieges Sekretärin der Bolschewiki in der Duma, was schließlich den endgültigen Bruch mit der Menschewiki-Fraktion im russischen Parlament herbeiführte.

Angeblich war Stalin in der Schönbrunner Schloßstraße nicht gemeldet, was bedeuten würde, dass er sich illegal in Wien aufgehalten hätte.

Diese Behauptung wurde allerdings erst später aufgestellt, als Stalin seine Vergangenheit auf „Revolutionär comme il fâut" zurechtrückte. Denn 1977 tauchte sein Meldezettel auf, auf dem Josef Dschugaschwili als Kammerdiener eines Herrn Petrov aufscheint. Nicht ganz standesgemäß für einen künftigen Diktator!
Stalin, der wiederholt mit Trotzki und Bucharin in Wien zusammentraf, reiste aber schon nach wenigen Wochen wieder zurück nach Krakau. Trotzki konnte ihn schon damals nicht leiden und Stalin hat ihm dies wohl nie verziehen. Schließlich ließ er ihn 1940 in Mexiko ermorden.
Anlässlich Stalins 70. Geburtstag im Jahr 1949 – damals war Österreich noch von den alliierten Mächten besetzt – wurde auf Betreiben der KPÖ an Stalins ehemaligem Wohnhaus eine Gedenktafel enthüllt. Sie blieb auch nach 1955 erhalten, weil laut Staatsvertrag russische Denkmäler nicht beseitigt werden dürfen. Angeblich hätte Nikita Chruschtschow, ein erklärter Gegner Stalins, durchaus einer Entfernung der Tafel zugestimmt, doch Österreich berief sich auf den Staatsvertrag. Und so ist diese Gedenktafel noch immer an diesem Wohnhaus zu besichtigen. Laut Felix Czeike, dem Spezialisten für Wien-Details, das einzige Stalin-Denkmal in ganz Mittel- und Westeuropa.

1120 Wien, Schönbrunner Schloßstraße 30 (Autobus 10A)

91. Denkmäler auf Wanderschaft:

Ein Platz für die Ewigkeit?

Denkmäler heißt es, werden für die Ewigkeit errichtet. Dies lässt vermuten, dass sie auch ihren ursprünglichen Platz behalten. Doch manche Wiener Denkmäler haben eine wahre Odyssee hinter sich, bis sie ihren hoffentlich letzten Standplatz gefunden haben.

Als die junge Braut von Kaiser Franz Joseph, Elisabeth in Bayern, 1854 feierlich in Wien einzog, wurde zu diesem Anlass eine neue Brücke zwischen Kärntnerstraße und Wiedner Hauptstraße über den Wienfluss eingeweiht. Drei Jahre später am 19. November 1867 wurden auf den Brückenbalustraden acht Figuren aufgestellt, die im Auftrag des Vereins zur Förderung der bildenden Künste von einer Reihe prominenter Wiener Bildhauer, wie etwa Josef Gasser, gestaltet worden waren. Die acht Statuen stellten die Babenberger Herzöge Heinrich II. Jasomirgott und Leopold VI., genannt der Glorreiche, den Habsburger Rudolf IV., zwei Heerführer im Kampf gegen die Osmanen, nämlich Niklas Graf Salm und Rüdiger Graf Starhemberg, den Wiener Bischof Leopold Graf Kollonitsch, den Barockbaumeister Johann Bernhard Fischer von Erlach und den Aufklärer Joseph von Sonnenfels dar.

Doch schon 1897 wurde die Elisabethbrücke wegen der Wienflusseinwölbung abgetragen, die Statuen fanden eine vorübergehende Bleibe

bei der Stadtbahnstation Karlsplatz. Bald trugen sie den etwas schmähenden Beinamen „Die acht Rauchfangkehrer", weil sie durch den Russ der mit Dampf betriebenen Stadtbahn schnell schwarz geworden waren. Daher entschloss sich die Stadt Wien, die wegen einer seinerzeit geleisteten hohen Subvention für die Statuen sich in deren Besitz befand, diese im Bereich des Wiener Rathauses, etwa dem Arkadenhof, aufzustellen. Letztlich fanden sie einen Platz an der Zufahrtsstraße vom Ring zum Rathaus, jeweils vier Statuen links und rechts. 1939 ließen die neuen nationalsozialistischen Machthaber die Statue von Joseph Sonnenfels entfernen, der ihnen nicht passte. An seiner Stelle wurde eine Kopie einer Statue Christoph Willibald Glucks vom Musikverein aufgestellt. 1945 kehrte Sonnenfels wieder an seinen angestammten Platz zurück, die kopierte Statue Glucks wurde in die Gartenanlage neben der Karlskirche versetzt.

Auch das bei Touristen höchste beliebte Mozart-Denkmal stand nicht immer im Burggarten, sondern am heutigen Albertinaplatz, der damals noch Albrechtsplatz hieß. Seine von Viktor Tilgner geschaffene, höchst elegante Statue wurde fünf Tage nach dem Tod des Bildhauers enthüllt. Doch bald erhoben sich Stimmen, die für eine Versetzung der Statue vor dem Kursalon im Stadtpark plädierten. Da Mozarts Denkmal beim großen Bombenangriff auf Wien im März 1945 schwer beschädigt worden war, musste es zur Restaurierung abgetragen werden. Im Juni 1953 wurde es schließlich im Burggarten plaziert.

Auch der überaus beliebte Heerführer Johann Joseph Wenzel Graf Radetzky wurde mit einem von Caspar von Zumbusch geschaffenen monumentalen Reiterstandbild geehrt. Als Standplatz waren anfangs ganze 21 Orte für das Denkmal im Gespräch, etwa vor der Votivkirche oder am Schmerlingplatz. Die Militärs setzten sich durch und Radetzky zügelte sein Pferd vor dem Kriegsministerium am Hof Nr. 2. Als jedoch das Kriegsministerium ein neues größeres Gebäude am Stubenring bezog und Am Hof ein Bankhaus einzog, wanderte das tonnenschwere Denkmal Radetzkys 1912 an den Stubenring, wo es noch immer steht.

XVI. Hell und dunkel

92. Einst ein mächtiges Gewässer:

Der Wienfluss

Der Wienfluss, normalerweise ein dünnes Gerinne, das aus dem Westen durch die Stadt fließt und nahe der Urania in den Donaukanal mündet, trägt entgegen mancher Vermutung seinen Namen „Fluss" zu Recht. Kann doch „die Wien" nach reichlichen Regenfällen zu einem tückischen und reißenden Gewässer werden. Bei plötzlich auftretenden Sturzfluten mussten Spaziergänger schon von der Feuerwehr aus dem Flussbett geborgen werden, das sonst ein beliebter Spazierweg ist.

Immer wieder gab es große Überschwemmungen, nach dem letzten großen Hochwasser von 1851 wurde der Fluss reguliert und in ein Becken gezwängt. Wie gefürchtet die Überflutungen waren und wie regelmäßig der Fluss aus seinen Ufern trat, beweist die Ausstattung der ebenerdigen Räume in Schloss Schönbrunn, das nahe an der Wien liegt. Die herrlichen Wandfresken des Johann Baptist Bergl, exotische Fauna und Flora darstellend, waren im unteren Teil auf Leinwandrollen fixiert und konnten so im Ernstfall wie Jalousien hoch gerollt werden.

Im Mittelalter und in der frühen Neuzeit standen am Wienfluss zahlreiche Mühlen, auf die noch heute Straßen- und Gassenbezeichnungen verweisen. Diese Mühlenbetriebe boten vielen Menschen Arbeit. Auch

andere Gewerbe wie die Färbereien waren vom Fluss abhängig, zugleich war er aber auch Trinkwasserlieferant für die Bevölkerung. Nicht selten brachen daher Seuchen aus, da das Wasser durch die am Fluss angesiedelten Handwerksbetriebe verschmutzt wurde. Erst nach der Cholera-Epidemie von 1831 wurde ein Wienfluss-Sammelkanal – die Wiener nannten ihn „Cholerakanal" – erbaut.

Der Wienfluss entspringt westlich der Stadt auf einer Seehöhe von 820 Metern, auf seinem Weg quer durch die Stadt nimmt der Fluss 124 Bäche des Wienerwaldes auf, davon münden elf auf Stadtgebiet in das schmale Flüsschen. Noch heute fließen große Teile des Flusses offen, lediglich zwischen den U-Bahnstationen Kettenbrückengasse und Stadtpark ist die Wien durchgehend eingewölbt.

Da der Fluss – wie erwähnt – nach schweren Regenfällen stark anschwellen kann und dann wie ein reißender Strom seiner Mündung zustrebt, wurden Ende des 19. Jahrhunderts zwischen Auhof und Hütteldorf großflächige Rückhaltebecken errichtet. Neuesten Plänen zufolge will man die Wien teilweise wieder rückbauen – zu einem Fluss, der sich nicht durch einen Betonkanal dahinschleppt, sondern in einem begrünten Umfeld mäandern soll.

93. Die Unterwelt des Harry Lime:

Das Wiener Kanalsystem

Das Wiener Kanalsystem, seit den fünfziger Jahren durch Carol Reeds Film „Der dritte Mann" weltweit bekannt, kann man seit einigen Jahren bei Führungen, die von Mai bis Oktober angeboten werden, erforschen. Diese „guided tours" durch die geheime Welt des Penicillinschiebers

Harry Lime vermitteln einen unmittelbaren Eindruck von der inzwischen vielfach genutzten Filmkulisse, aber auch von den kaum wahrgenommenen Leistungen einer Kommune, um ihren Bewohnern möglichst viel Komfort zu gewährleisten.
Die ersten Kanäle gab es schon im römischen Militärlager Vindobona, allerdings wurden sie nach dem Abzug der Römer und während der Völkerwanderung nicht mehr genutzt. Erst im Mittelalter kamen wieder Abwässerkanäle auf, die in die zahlreichen offenen Bäche und Flussläufe mündeten. Dieser Zustand blieb bis nach der

Zweiten Türkenbelagerung erhalten. Danach wurden für die städtischen Häuser Straßenkanäle angelegt, viele hatten auch Senkgruben. 1739 war Wien die einzige Stadt im Reich, die innerhalb des ummauerten Areals vollständig kanalisiert war.

In den Vorstädten und Vororten erfolgte die Abwasserentsorgung zumeist nur durch die offenen Gewässer, nur sehr langsam wurden Sammelkanäle angelegt.

Erst die Choleraepidemie von 1831/32, die von den offenen Kanälen verursacht und verbreitet wurde, führte zu drastischen Maßnahmen. Rechts- und linksseitig des Wienflusses wurden Sammelkanäle angelegt, die aus dem Westen zur Donau fließenden Bäche wie der Ottakringer Bach oder der Währinger Bach wurden eingewölbt, sodass es im Vorstadtbereich keine offenen Abwässer mehr gab. Ab 1890 wurden auch die eingemeindeten Vororte einbezogen. Etwa um die Jahrhundertwende war dieses Projekt abgeschlossen. In den zwanziger und dreißiger Jahren des 20. Jahrhunderts begann man bereits mit der Sanierung der alten Ziegelkanäle, sie wurden durch Betongerinne ersetzt. Die Sanierung der Kriegsschäden – mehr als 1800 Bomben waren in das Kanalnetz eingeschlagen – dauerte bis in die 50er-Jahre. Kläranlagen baute man erst in den sechziger Jahren: 1967 in Inzersdorf und 1969 in Simmering. Zu Beginn des 21. Jahrhunderts umfasst das Wiener Kanalnetz mehr als 2.300 Kilometer, 99% aller Wiener Haushalte entsorgen ihre Abwässer in das Kanalsystem. Täglich fließen etwa 500 Millionen Liter Wasser durch das Kanalnetz. Im Fall eines heftigen Regens durchströmt eine dreifache Wassermenge das unterirdische Wien.

94. Es werde Licht:
Kommunale Beleuchtung

Schon gegen Ende des 17. Jahrhunderts gab es in Wien eine kommunale Beleuchtung. Nach der Beseitigung der größten Schäden nach der Zweiten Türkenbelagerung von 1683 entschloss sich die Stadtverwaltung, die Straßen der Stadt zu beleuchten, um nächtliche Unsicherheit und Zwischenfälle zu vermeiden. Davor waren die Bürger angehalten gewesen, nach dem Läuten der Bierglocke – diese kündigte das Ende des Bierausschanks an – eine Laterne mitzuführen, wenn sie ihr Haus verließen. Am 7. November 1687 wurden zunächst in der Dorotheergasse probeweise Laternen angebracht, in denen Unschlittkerzen brannten. Finanziert wurde das neue Licht durch einen Beitrag der Hausbesitzer in Höhe von fünf Gulden, dem so genannten Illuminationsaufschlag.

In nur wenigen Monaten, nämlich bis Mai 1688, gelang es dem Wiener Magistrat, alle benötigten Laternen fertig stellen zu lassen. Ab 5. Juni dieses Jahres war dann die gesamte Stadt nachts beleuchtet.

Zu Ende des 19. Jahrhunderts wurden die alten Laternen zuerst in der Innenstadt, später in den Außenbezirken durch Gasleuchten ersetzt. Es waren hochragende Lampen auf gusseisernen Kandelabern.

Ein erster Probebetrieb mit elektrischem Licht wurde bezeichnenderweise im Dezember 1893 – quasi als erste Weihnachtsbeleuchtung – auf dem Kohlmarkt durchgeführt. Natürlich wurde wegen der hohen Kosten gejammert, obwohl die Firma Siemens & Halske anfangs aus ihrem Werbeetat dafür aufkam.

Erst 1903 wurden elektrische Bogenlampen installiert, die nach und nach die ganze Stadt erleuchteten. Doch sie waren oft nur in großen Abständen aufgestellt, sodass es in der Stadt immer noch viele dunkle Winkel gab.

Im Laufe der Zeit kamen hunderte verschiedene Leuchtentypen zum Einsatz, fast jede Geschäftsstraße setzte ihren Ehrgeiz darein, eine eigene Lampenform designen zu lassen. Im so genannten „Lampengarten" der Magistratsabteilung 33 sind die verschiedenen Beleuchtungskörper zu bewundern. Die nächste Generation der Stadtbeleuchtung waren die Peitschenleuchten mit den Neonröhren, die der Stadt durch ihren kalten Charakter nachts ein verändertes Aussehen verliehen.

Eine echte Wende brachten nach dem Zweiten Weltkrieg die hell erleuchteten Schaufenster der Geschäfte und die zahlreichen Leuchtreklamen, die auch nachts nicht ausgeschaltet wurden. Einzelne herausragende Bauobjekte der Stadt, etwa das Rathaus, wurden zusätzlich von starken Scheinwerfern angestrahlt. Diese kostenintensive Beleuchtung wurde und wird allerdings als Investition für die Ankurbe-

lung des Tourismus betrachtet. Zusätzlich kamen saisonale Beleuchtungen wie Lichterketten in der Vorweihnachtszeit dazu, deren Gestaltung von Jahr zu Jahr aufwändiger ausfällt. *Dernier Cri* sind Computer gesteuerte Lichteffekte, die die Fassaden großer Konzerngebäude in Projektionswände verwandeln.

Zu Beginn des 21. Jahrhunderts folgte abermals eine experimentelle Phase, etwa durch die Installation von in den Boden versenkten Halogenlampen, wie sie 2004 am Schwarzenbergplatz fertig gestellt wurden: Durch das zeitversetzte Aufleuchten entsteht der Eindruck einer bewegten Lichterkette.

95. Gegenwelt zur imperialen Pracht:

Geheimgänge unter Wiens Prachtboulevard

„Kaiser Franz Joseph hatte einen Geheimgang von der Hofburg nach Schönbrunn!" – diese Legende ist so unausrottbar, wie sie falsch ist; ein Monarch, der etliche Kilometer durch feuchte Gänge zu Fuß zurücklegt, ist nicht vorstellbar. Trotzdem birgt die Unterwelt der Ringstraßenbauten so manch überraschendes Geheimnis. Die prachtvollen Gebäude sind in Wahrheit um einiges moderner konstruiert, als der historisierende Eindruck glauben lässt. Lüftungsschächte, die auch heutigen Ansprüchen genügen, Depots, aber auch Tiefspeicher bilden eine Gegenwelt zur imperialen Pracht an der Oberfläche.

Die originellste und auch sichtbare Konstruktion ist die LÜFTUNGS-ANLAGE DES BURGTHEATERS: Durch einen Turm im Volksgarten (hinter dem Kaiserin Elisabeth-Denkmal) wird Luft angesaugt und gleichmäßig in den Zuschauerraum eingeblasen; die Abluft hingegen wird über das Dach des Theaters geführt, dessen höchster Punkt von einer drehbaren Konstruktion beherrscht wird. Ein flaches Relief dient als Windfahne, die vom Personal des Hauses scherzhaft „Blasengel" genannte Figur zeigt daher immer in Windrichtung.

Auch andere Bauten haben interessante „Eingeweide". So bringt eine automatische Förderbahn die Bücher aus dem TIEFSPEICHER DER NATIONALBIBLIOTHEK in den Lesesaal. Kleine Wägelchen gleiten fast lautlos über ein modernes Schienensystem, das auch Höhen überwindet.

Weniger gerne werden die Statuen und Köpfe des ehemaligen „RASSENSAALES" im Naturhistorischen Museum gezeigt. Noch bis lange nach dem Zweiten Weltkrieg waren an ihnen die Unterschiede der „Menschenrassen" demonstriert worden, bis sie der sensiblere Umgang der 1980er-Jahre endlich in den Keller verbannte.

Sichtbare, aber selbstverständlich versperrte Einstiege in die Unterwelt existieren im Burggarten entlang der Terrassenmauer, aber auch an einigen Stellen der Hofburg. Gelegenheit zum Besuch dieser Bereiche bietet sich leider sehr selten.

1010 Wien, Ringstraße, Burgtheater, Volksgarten, Burggarten (Straßenbahnen 1, 2 und D)

Register

Zahlen in **Fettdruck** kennzeichnen planende und ausführende Architekten und Künstler

Adler, Alfred (1870 – 1937): 66
Adler, Victor (1852 – 1918): 51, 54, 63, 65
Alritsch, Anton (1871 – 1943): 54
Afuhs, Eva (*1954): **46**
Albrecht V, Herzog und als König Albrecht II. (1397 – 1439): 4
Albrecht Erzherzog (1817 – 1895): 54
Albrechtsberger, Johann Georg (1736 – 1809): 82
Alt, Jakob (1789 – 1872): 52
Alt, Rudolf (1812 – 1905): 52
Altenberg, Peter (1859 – 1919): 63, 65
Altomonte, Martino (1657 – 1745): 10
Amerling, Friedrich (1803 – 1887): 49
Anzengruber, Ludwig (1839 – 1889): 55
Appel, Carl (1911 – 1997): **56, 72**
Arco, Karl Graf: 10
Arnold, Ernst (1892 – 1962): 54
Arnstein: 83, 84
Artaria: 47
Auersperg: 24
Austerlitz, Friedrich (1862 – 1931): 51

Bahr, Hermann (1863 – 1934): 65
Barnay, Paul (1864 – 1960): 49
Batthyány: 67
Batthyány, Eleonore von (1672 – 1741): 31
Beck-Rzikowsky, Friedrich Graf (1830 – 1920): 5
Beduzzi, Antonio (1675 – 1735): **15**
Beethoven, Ludwig van (1770 – 1827): 5, 26, 47
Bergl, Johann Baptist (1718 – 1789): 93
Berndl, Florian (1858 – 1934): 72
Berté, Heinrich (1857 – 1924): 5
Béthouart, Antoine (1889 – 1982): 50
Billroth, Theodor (1829 – 1894): 5
Bismarck, Otto Fürst (1815 – 1898): 29
Bitterlich, Eduard (1833 – 1872): 41
Blei, Franz (1871 – 1942): 5
Böhm, Karl (1894 – 1981): 49
Böttger, Rudolf: 60
Bratfisch, Josef (1847 – 1892): 71
Broch, Hermann (1886 – 1951): 66
Brod, Max (1884 – 1968): 66
Bucharin, Nikolai (1888 – 1938): 90
Bumballa, Raoul (1895 – 1947): 24

Camerina: 21
Canetti, Elias (1905 – 1994): 66, 85
Casken, John (*1949): 38
Castelli, Ignaz Franz (1781 – 1862): 10
Chédanne, Georges - Paul (1861 – 1940): **50**
Chopin, Frédéric (1810 – 1849): 47
Christl, Karl: 48
Christo (*1935): 62
Chruschtschow, Nikita (1894 – 1971): 90
Colbert, Jean Baptiste (1619 – 1683): 77

Colloredo, Hieronymus Franz Graf (1732 – 1812): 10
Conti, Francesco (1682 – 1752): 38
Czapka, Ignaz (1791 – 1881): 30
Czeike, Felix (1926 – 2006): 90

Daffinger, Moritz Michael (1790 – 1849): 82
Danneberg, Robert (1885 – 1942): 51
Dänzer, Georg (1848 – ?): 71
Diabelli, Antonio (1781 – 1858): 82
Dick: 64
Dietrichstein, Sigmund Graf: 26
Doderer, Heimito von (1896 – 1966): 66
Dollfuß, Engelbert (1892 – 1934): 14
Dommayer, Ferdinand: 64
Dommayer, Franz: 64
Drexler, Anton (1858 – 1940): **67**
Drexler, Josef (1850 – 1922): **67**
Dubrovic, Milan (1903 – 1994): 66

Ehn, Karl (1884 – 1959): **16, 58**
Eichinger oder Knecht!: **74**
Eiffler, Alexander (1890 – 1945): 37
Eiselsberg, Anton (1860 – 1939): 5
Elisabeth Erzherzogin (1554 – 1592): 25
Elisabeth Kaiserin (1837 – 1898): 18, 91
Elisabeth Christine Kaiserin (1691 – 1750): 18
Elmayer-Vestenbrugg, Willy (1885 – 1966): 25
Engelmann, Paul (1891 – 1965): 55
Epstein, Ernst (1881 – 1938): **45**, 84
Epstein, Gustav Ritter von (1828 – 1879): 41
Erlach, Johann Bernhard Fischer von (1656 – 1723): **25, 26**, 91
Ernst Herzog (1377 – 1424): 9
Eskeles: 83, 84
Esterházy, Fürst Nikolaus II. (1765 – 1833): 25
Esterházy: 67
Eugen von Savoyen, Prinz (1663 – 1736): 31, 83
Eugippius (+nach 533): 1

Fabiani, Max (1865 – 1962): **47, 54**
Felder, Cajetan (1814 – 1894): 45
Fellerer, Max (1889 – 1957): **56, 72**
Fendi, Peter (1796 – 1842): 82
Ferdinand I. Kaiser (1793 – 1875): 30
Ferrabosco, Pietro (1512 – 1599): 12
Ferstel, Heinrich von (1828 – 1883): **42, 45, 63**
Fillgrader, Johann (1754 – 1824): 52
Fillgrader, Maria (1763 – 1831): 52
Firnberg, Herta (1909 – 1994): 55
Fischhof, Adolf (1816 – 1893): 13, 83
Flöge, Emilie (1874 – 1952): 92
Förster, Emil (1838 – 1909): **34, 37**
Förster, Ludwig (1787 – 1863): 44
Frank, Josef (1885 – 1967): 56
Fränkel: 83
Franz I. Stephan von Lothringen (1708 – 1765): 29, 75

Franz II. Kaiser (1768 – 1835): 77
Franz Joseph I. Kaiser (1830 – 1916): 18, 42, 68, 75, 91
Friedl, Theodor (1842 – 1899): 35
Friedrich III. Kaiser (1415 – 1493): 6
Fries, Johann Graf (1719 – 1785): 25
Fries, Moriz Graf (1777 – 1826): 25
Frohner, Adolf (1934 – 2007): **81**
Fugger, Fürstin Nora (1864 – 1945): 42

Gaetano von Thiene (1480 – 1547): 48
Garben, Johann (†1876): **17**
Gasser, Josef (1816 – 1900): 91
Gayer, Eduard (1860 – 1952): 63
Georg V. König (1819 – 1878): 29
Georgi, Friedrich Freiherr von (1852 – 1926): 51
Gerersdorfer: 64
Gessner, Franz (1879 – 1975): 51
Gessner, Hubert (1871 – 1943): **51**, 54
Gluck, Christoph Willibald (1714 – 1787): 24, 91
Goethe, Alma (1827 – 1844): 5, 30
Goethe, August (1789 – 1830): 5
Goethe, Ottilie (1796 – 1872): 5
Gomperz, Sophie (1825 – 1895): 44
Gorki, Maxim (1868 – 1936): 55
Gramont, Antoine Agénor de (1819 – 1880): 50
Griensteidl, Heinrich: 65
Griepenkerl, Christian (1839 – 1916): 41
Grillparzer, Franz (1791 – 1872): 5
Guillotin, Joseph-Ignace (1738 – 1814): 86

Haas, Philip (1791 – 1870): 56
Hackhofer, Josef (1863 – 1917): **48**
Hanak, Anton (1875 – 1934): 51
Hansen, Theophil (1813 – 1891): 18, **37, 41, 44**
Hasenauer, Carl von (1833 – 1894): **38, 67**
Haydn, Joseph (1732 – 1809): 14, 21, 47
Heinrich II. Jasomirgott Herzog (1114 – 1177): 91
Herzl, Theodor (1860 – 1904): 55
Hildebrandt, Lucas von (1668 – 1745): 24
Hitler, Adolf (1889 – 1945): 68
Hocz: 4
Hofmannsthal, Hugo von (1874 – 1929): 65
Hohenberg, Johann Ferdinand von (1732 – 1816): 25
Hollein, Hans (*1934): **1, 56**
Holzmeister, Clemens (1886 – 1983): **12**
Hoyos, Marie Gräfin: 49
Hrdlicka, Alfred (1928 – 2009): 88
Hummel, Johann Nepomuk (1778 – 1837): 21
Hunyadi: 67

Imhoff, Fritz (1891 – 1961): 54

Jäckel, F.: **75**
Jacquin, Emilian von: 75
Jacquin, Franziska von: 75
Jacquin, Gottfried von: 75

Jacquin Joseph Franz (1766 – 1839): 75
Jacquin, Nicolaus Joseph (1727 – 1817): 75
Jakowiew: 89
Jaksch, Hans (1879 – 1971): 43
Jauner, Franz (1832 – 1900): 34
Jordan, Georg (†1517): 4
Joseph I. Kaiser (1678 – 1711): 83
Joseph II. Kaiser (1741 – 1790) 16, 82, 83, 87

Kafka, Franz (1883 – 1924): 66
Kara Mustafa (1634 – 1683): 12
Karl der Große Kaiser (742 – 814): 46
Karl I. Kaiser (1887 – 1922): 13
Karl VI. Kaiser (1685 – 1740): 18, 83
Karl IX. König (1550 – 1574): 25
Kaunitz, Wenzel Anton Graf (Fürst) (1711 – 1794): 23, 29
Kértesz, Michael (= Michael Curtiz) (1886 – 1962): 70
Keynes, John Maynard (1883 – 1946): 55
Kirchschläger, Rudolf (1915 – 2000): 19
Kisch, Egon Erwin (1885 – 1948): 51
Kollonitsch, Leopold Graf (1631 – 1707): 91
Kolowrat, Sascha Graf (1886 – 1927): 70
König, Karl (1841 – 1915): 35
Königswarter: 84
Körner, Theodor (1873 – 1957): 24, 31
Kornhäusel, Josef (1782 – 1860): 32, 82, 84
Korompay, Adolph (1800 – 1864): 40
Kossuth, Ludwig (1802 – 189): 13
Kralik, Richard (1852 – 1934): 65
Krauland, Peter (1903 – 1985): 20
Kraus, Karl (1874 – 1936): 31, 53, 54, 65
Kreisky, Bruno (1911 – 1990): 19, 36, 66
Krones, Therese (1801 – 1830): 82
Krzyzanowski, Otfried (1886 – 1918): 63
Kun, Béla (1886 – um 1940): 37
Kunigunde Erzherzogin (1465 – 1520): 6
Kupferblum, Markus (*1964): 53
Kupelwieser, Leopold (1796 – 1862): 17

Lampi, Johann Baptist (1751 – 1830): 21
Lang, Josef (1855 – 1925): 86
Landsteiner, Anton: 34
Lanner, Joseph (1801 – 1843): 64
Lazius, Wolfgang (1514 – 1565): 2
Lehmden, Anton (*1929): 81
Leistler, Josef: 64
Lenau, Nikolaus (1802 – 1850): 52
Lenin, Wladimir Iljitsch (1870 – 1924): 90
Leopold I. Kaiser (1640 – 1705): 83
Leopold IV. Herzog (1371 – 1411): 9
Leopold VI. Herzog (1176 – 1230): 46
Leyden, Niclaes Gerhard van (1430 – 1473): 8
Libényi, János (1831 – 1853): 86
Liebenberg, Johann Andreas (1627 – 1683): 27
Liechtenstein: 67
Lienbacher, Ulrike (*1963): 61
Ligne, Charles Joseph Fürst de (1735 – 1814): 5
Lobkowitz, Joseph Franz Maximilian (1772 – 1816): 26
Loos, Adolf (1870 – 1933): 47, 61
Löschenkohl, Hieronymus (1753 – 1807): 47
Ludwig Viktor Erzherzog (1842 – 1919): 42
Lueger, Karl (1844 – 1910): 50, 87

Madersperger, Josef (1768 – 1850): 82
Maeterlinck, Maurice (1862 – 1949): 53
Mahler, Alma (1879 – 1964): 49
Mahler, Gustav (1860 – 1911): 49
Makart, Hans (1840 – 1884): 45
Malraux, André (1901 – 1976): 50
Marc Aurel Kaiser (121 – 180): 46
Maria Theresia Erzherzogin und Königin (1717 – 1780): 29
Marmorek, Oskar (1863 – 1909): 53, 54
Matsch, Franz (1861 – 1942): 46
Matthias Corvinus König (1443 – 1490): 6
Maximilian I. Kaiser (1459 – 1519): 46
Maximilian II. Kaiser (1527 – 1576): 12
Maximilian Erzherzog (1832 – 1867): 42
May, Karl (1842 – 1912): 68
Mayr, Fritz: 20
Mayreder, Karl (1856 – 1935): 39
Metastasio, Pietro (1698 – 1782): 14, 38
Metternich, Clemens Wenzel Lothar Fürst (1773 – 1859): 29
Mikl, Josef (1929 – 2008): 22
Miller, Ferdinand (1813 – 1887): 30
Mollard: 14
Mollner, Peter (1732 – 1801): 5
Morawetz, Franz (1789 – 1868): 68
Moretti, Tobias (*1959): 52
Mozart, Konstanze (1762 – 1842): 21
Mozart, Leopold (1719 – 1787): 21
Mozart, Wolfgang Amadeus (1756 – 1791): 10, 21, 24, 82, 87
Mundy, Jaromir Freiherr von (1822 – 1894): 34
Musil, Robert (1880 – 1942): 66

Nádasdy: 67
Napoleon Kaiser (1769 – 1821): 7, 26
Nestroy, Johann (1801 – 1862): 22
Newald, Julius (1824 – 1897): 34
Nobile, Peter (1774 – 1854): 82
Noever, Peter (*1941): 62
Nüll, Eduard van der (1812 – 1868): 37, 68

Oberhuber, Oswald (*1931): 81
Oberwinder, Heinrich (1846 – 1914): 65
Ofenheim Ritter von Ponteuxin, Viktor (1820 – 1869): 43
Ofenheim, Sophie von: 43
Ohlbaum, Isolde (*1953): 84
Ohmann, Friedrich (1858 – 1912): 74
Olbrich, Joseph Maria Olbrich (1867 – 1908): 78
Ottillinger, Margarethe (1919 – 1992): 20

Pacassi, Nicolaus (1716 – 1790): 29
Paik, Nam June (1932 – 2006): 81
Pallavicini: 25
Pasqualati, Johann Baron von (1777 – 1830): 5
Peichl, Gustav (*1928): 57
Pemmer, Hans (1886 – 1972): 82
Pereira: 83
Pernerstorfer, Engelbert (1850 – 1918): 54
Perutz, Leo (1882 – 1957): 66
Pichl, Alois (1782 – 1856): 13
Pilgram, Anton (um 1460 – 1515): 8
Plečnik, Jože (1852 – 1957): 39
Pius VI. Papst (1717 – 1799): 23
Polgar, Alfred (1873 – 1955): 66
Pollitzer, Heinrich: 2
Ponte, Lorenzo da (1749 – 1838): 21

Porpora, Antonio (1686 – 1768): 14
Prikryl, Rudolf (1896 – 1963): 24
Pruscha, Carl (*1936): 58
Puchhammer, Hans (*1931): 43
Puchsbaum, Hans (um 1390 – 1454/55): 46
Pühringer, Peter (*1942): 40

Qualtinger, Helmut (1928 – 1986): 10, 34

Radetzky, Johann Joseph Wenzel Graf (1766 – 1858): 91
Rahl, Carl (1812 – 1865): 44
Redl, Alfred (1864 – 1913): 31
Reed, Carol (1906 – 1976): 94
Reiter: 64
Remy, Louis von (1776 – 1851): 74
Renner, Karl (1870 – 1950): 15, 24
Riedel, Alfons: 51
Riggenbach, Nikolaus (1817 – 1899): 78
Roesner, Karl (1804 – 1869): 37
Roessler, Arthur (1877 – 1955): 92
Rofrano: 24
Romano, Johann (1812 – 1882): 43
Rudolf I. König (1218 – 1291): 46
Rudolf II. Kaiser (1552 – 1612): 12
Rudolf IV. Herzog (1339 – 1365): 91
Rudolf Kronprinz (1858 – 1889): 71
Russell, Bertrand (1872 – 1970): 55

Sachsen – Coburg – Gotha, Ferdinand von, König von Bulgarien (1861 – 1948): 40
Sachsen – Coburg – Gotha, Herzog August von (1818 – 1881): 40
Sachsen – Coburg – Gotha – Kohary, Sarah Aurelia von (1914 – 1994): 40
Salm, Niklas Graf (1459 – 1530): 25
Salten, Felix (1869 – 1945): 65
Schärf, Adolf (1890 – 1965): 24
Schedl, Gerhard (1957 – 2000): 38
Scherzer, Katharina: 64
Scheu, Andreas (1844 – 1927): 65
Schiele, Egon (1890 – 1918): 92
Schleps, Karl (1802 – 1840): 40
Schmidt, Friedrich (1825 – 1891): 34
Schneider: 64
Schnitzler, Arthur (1862 – 1931): 65
Schoeller, Johann Christian (1782 – 1851): 32
Scholz, Kurt (*1948): 84
Schönborn, Christoph Kardinal (*1945): 4
Schönerer, Georg von (1842 – 1921): 65
Schörghofer, P. Gustav (*1953): 39
Schrammel, Johann (1850 – 1893): 71
Schrammel, Josef (1852 – 1895): 71
Schubert, Franz (1797 – 1828): 5
Schütz, Carl (1745 – 1800): 47
Schwanthaler, Ludwig Michael (1802 – 1848): 30
Schwarz, Rudolf (1897 – 1961): 16
Schwendenwein, August (1817 – 1885): 43
Schwind, Moritz von (1804 – 1871): 44
Semper, Gottfried von (1803 – 1879): 38
Sever, Albert (1867 – 1942): 51
Severin Hl. († 482): 1
Sicardsburg, August Sicard von (1813 – 1868): 37, 56, 68
Siebeck, Rudolf (1812 – 1878): 33
Sina, Georg Simon von (1783 – 1856): 25
Sonnenfeld, Joseph von (1732 – 1817): 91

Sophie Erzherzogin (1802 – 1872): 68
Sothen, Franziska: 17
Sothen, Karl Freiherr von
  (1825 – 1881): 17
Sperber, Manès (1905 – 1984): 66
Spranger, Bartholomäus (1546 – 1611): 12
Stalin, Josef Dschugaschwili
  (1879 – 1953): 90
Starhemberg, Ernst Rüdiger Graf
  (1638 – 1701): 46
Stifter, Adalbert (1806 – 1868): 32
Stonborough-Wittgenstein, Margarete
  (1882 – 1958): 55
Strada, Jacopo da (1507 – 1588): 12
Strauß, Johann Vater (1804 – 1849): 64, 68
Strauß, Johann Sohn (1825 – 1899):
  44, 65
Strindberg, August (1849 – 1912): 53
Strohmayer, Anton (1848 – 1937): 71
Suchenwirt, Peter
  (um 1320 – nach 1395): 67
Suess, Eduard (1831 – 1914): 2
Süleyman der Prächtige
  (um 1494 – 1566): 12
Swieten, Gerhard van (1700 – 1772): 29
Szokoll, Carl (1915 – 2004): 24

Tamms, Friedrich (1904 – 1980): 62
Tencala, Giovanni Pietro (1629 – 1702): 26
Theiß, Siegfried (1882 – 1963): 45
Tilgner, Viktor (1844 – 1896): 91

Tischler, Niklas (+1485): 6
Todesco, Eduard (1814 – 1887): 44
Todesco, Moritz (1816 – 1873): 44
Treffz, Henriette (1818 – 1839): 44
Trauttmansdorff: 67
Trojanowski, Alexander Antonowitsch: 90
Trojanowski, Jelena: 90
Trotzki, Leo (eig. Lew Dawidowitsch
  Bronstein, 1879 – 1940): 63, 90

Urban, Ludwig: 49
Usicky, Gustav (1899 – 1961): 92

Van der Nüll, Eduard (1812 – 1868): 36
Van Swieten, Gerhard (1770 – 1772): 75
Vaugoin, Carl (1873 – 1949): 37
Vinci, Leonardo (um 1690 – 1750): 38
Vorlauf, Konrad (um 1335 – 1408): 9

Wach, Rudolf (*1934): 81
Wachstein, Bernhard (1868 – 1935): 83
Walther von der Vogelweide
  (um 1170 – 1230): 46
Wagner, Otto (1848 – 1918): 18, 28, 41,
  47, 49, 54, 75
Weber, Anton (1878 – 1950): 24
Weber, Harry (1921 – 2007): 84
Wedekind, Frank (1864 – 1918): 53
Wehdorn, Manfred (*1942): 22
Weltz, Reichsgraf: 24
Wenzel IV. König (1361 – 1419): 18

Werfel, Franz (1890 – 1945): 63, 66
Wertheim, Franz von (1814 – 1883): 45
Wertheim: 84
Wertheimer, Samson (1658 – 1724): 83
Wertheimstein, Josephine
  (1820 – 1894): 44
Whiteread, Rachel (*1963): 4
Wiedenfeld, Hugo: 39
Wilczek, Hans Graf (1857 – 1922): 34
Wipplinger, Franz (1742 – 1812): 3
Wittgenstein, Ludwig (1889 – 1951): 55
Witzmann, Carl: 29
Wlaschek, Karl (*1917): 56
Wörle, Eugen (1909 – 1996): 56, 72
Wotruba, Fritz (1907 – 1975): 20

Zacherl, Johann (1814 – 1888): 59
Zelman, Leon (1928 – 2007): 41
Zemrosser, Susanne (*1962): 81
Ziegler, Johann (1750 – 1812): 47
Zilk, Helmut (1927 – 2008): 88
Zumbusch, Caspar von (1830 – 1915): 91

BILDRECHTE

Kap. 1: Wien Museum
Kap. 34: Wikimedia Commons

STYRIA BUCHVERLAGE

Wien – Graz – Klagenfurt
© 2017 by Styria Verlag
in der Verlagsgruppe Styria GmbH & Co KG
Alle Rechte vorbehalten
ISBN 978-3-222-13576-7

Bücher aus der Verlagsgruppe Styria gibt es
in jeder Buchhandlung und im Online-Shop
www.styriabooks.at

Fotos: Harald A. Jahn
Covergestaltung: Emanuel Mauthe
Buchgestaltung: Katrin Rose,
Lithotronic Media GmbH
Lektorat: Reinhard Deutsch

Druck und Bindung: Finidr
Printed in the EU
7 6 5 4 3 2

Die Autorin
ISABELLA ACKERL studierte Geschichte
und Germanistik an der Universität Wien
(Dr. phil.), 1971 bis 1990 Generalsekretärin
einer Zeitgeschichte-Forschungseinrichtung
beim Bundeskanzleramt, ab 1990 im Bundes-
pressedienst. Sie verfasste zahlreiche Lexikon-
artikel, Publikationen zur österreichischen
(Kultur)geschichte und ist Herausgeberin vieler
politischer und historischer Sammelbände.
2006 erschien (hrsg. zusammen mit J. Lehner
und J. Sachslehner) „Wissen", mit „Der schöne
Tod in Wien" (zusammen mit Ingeborg Schödl)
schilderte sie zuletzt ein besonderes Kapitel
der Wiener Seelenkunde.

Der Fotograf
HARALD A. JAHN ist Architekturfotograf und
betreibt die Bildagentur „Viennaslide" sowie
die Galerie „Abendstern" in Wien.